Justicia

Cooperación

Diálogo

Creatividad

mpasión

Alegría

Libertad

Sinceridad

rden

Paz

Tolerancia

Valores en familia

Aprender a convivir

Valores en familia

Editor: Jesús Araújo
Ayudante editorial: Elena Marigó
Textos: Esteve Pujol i Pons
Ilustraciones: Inés Luz González
Diseño: Idear
Cubierta y guardas: Jordi Martínez

Primera edición: septiembre 2002
© 2002 Parramón Ediciones, S.A.
Gran Via de les Corts Catalanes, 322-324
08004 Barcelona, España

© 2002 Grupo Editorial Norma, S. A.
Derechos exclusivos de edición en español para toda
América
A. A. 53550, Bogotá, Colombia

Dirección de producción: Rafael Marfil
Producción: Manel Sánchez
ISBN: 84-342-2522-0

sumario

introducción

Los valores

El ser humano es social por naturaleza y necesita a los demás desde su nacimiento hasta el final de su vida. Los seres sociales no son completos si les falta la relación con los demás; su dimensión grupal es básica para desarrollarse completa y armónicamente. De hecho, resulta imposible educar a un ser humano, si se prescinde de este ámbito, y, por este motivo toda educación tiende, debe tender, a crear aquellos hábitos que hagan posible vivir en sociedad, aumentar sus ventajas, reducir sus inconvenientes, colaborar al progreso colectivo para que los demás y nosotros podamos sacar el máximo provecho.

La educación de valores empieza en casa. Aunque en estas últimas décadas se ha puesto de moda hablar de educación en valores, el concepto es tan antiguo como la educación misma. Los humanos no podemos educar si no es en valores, ya que esto no es otra cosa que mostrar a nuestros hijos lo que, a nuestro parecer, es "bueno" y lo que es "malo", lo que "vale" y lo que "no vale". Sin entrar en la cuestión básica de toda ética, de por qué algo está bien o está mal, podemos afirmar que en realidad lo que, como educadores, queremos inculcar a nuestros hijos es que "esto te hará feliz, y esto otro te hará infeliz". En el fondo lo único que deseamos es que sean felices y, por eso, procuramos inclinarlos hacia lo que a nosotros nos ha hecho felices, o hacia lo que creemos que, si lo hubiéramos hecho, nos habría hecho felices.

La transmisión de los valores debe empezar en edades muy tempranas, por lo que es fundamental el papel que podamos ejercer como padres. Si somos educadores de verdad, invitaremos a nuestros hijos a la felicidad respetando siempre su libertad.

El libro "Valores en familia. Aprender a convivir"

¿A quién va dirigido? El libro quiere ser una ayuda para todos los padres que se encuentran con la difícil tarea de educar a sus hijos; aunque también será útil para todas aquellas personas que, en los ambientes familiar y escolar, son y se sienten educadoras de individuos de edades comprendidas entre los 6 y los 12 años.

Así pues, cuando en el texto hablamos de educadores nos referimos en primer lugar a los padres, y, por extensión, a todo educador.

¿Cómo y cuándo utilizarlo? La libertad y la iniciativa de cada familia serán el mejor método para utilizar el material que aquí se ofrece. El hecho de seguir un orden lógico en la presentación de los valores no supone que en el momento de utilizar este libro haya que seguirlo del mismo modo. Nadie como los padres podemos conocer los productos más adecuados y las dosis necesarias para la formación integral de nuestros hijos. Asimismo, las actividades que propone el libro pretenden estimular la creatividad para dar lugar a otras parecidas o simplemente inspiradas en ellas. La creatividad… también es un valor importante para los educadores.

¿Por qué estos 20 valores y no otros?
La razón por la que en este libro hemos seleccionado unos valores y no otros nos la ha ofrecido un trabajo llevado a cabo entre profesionales de la educación de distintos centros escolares, niveles educativos y ambientes sociales. La priorización que ellos han establecido nos ha dado la mejor pauta para escoger los valores a los que debíamos prestar atención especial en esta obra.

De todas maneras, los valores humanos se entrelazan entre ellos y muchas veces resulta difícil, o tal vez imposible, distinguir dónde termina uno y dónde empieza otro. Dicho de otro modo, no es factible discernir si estamos educando en el diálogo o en la paz o en la justicia. ¿Es posible una paz sin diálogo? ¿Podría existir la paz al margen de la justicia? ¿La urbanidad no es un aspecto del respeto? ¿Es concebible la amistad sin la sinceridad, o una responsabilidad carente de prudencia? Aunque cada valor permite trabajar más unos matices que otros, por suerte para los educadores y para los educandos, si crecemos en un valor, crecemos en los demás, puesto que es la persona la que se vuelve mejor. No podemos ser más tolerantes sin ser a la vez más generosos, más compasivos, más dialogantes, más respetuosos, más… más… buenos.

¿Cómo se estructura el libro? El orden en la presentación de los valores ha sido establecido siguiendo las ramas del "árbol de valores" que presentamos a continuación:

- Del tronco común del respeto, valor que siempre ocupa un destacado primer lugar en nuestro estudio, brotan distintas ramas hasta llegar a la convivencia pacífica.
- Hay tres valores: paciencia, constancia y prudencia, que impregnan de equilibrio, consistencia y moderación a todos los demás. Son como unos "valores adjetivos" para el resto de ellos.
- Una rama formal, sólida, es la línea en la que el respeto toma el ropaje social de la urbanidad, que madura en la responsabilidad personalmente asumida, y, a través del orden protector, desemboca en la convivencia en paz.
- Otra rama, de desarrollo más exuberante en manifestaciones, es aquella que, con la condición de la sinceridad, paso seguro hacia la confianza en uno mismo y en los demás, posibilita el diálogo; y éste produce la tolerancia enriquecedora y la creatividad innovadora. Con estos dos valores, generadores de cooperación eficaz, se llega a una paz constructiva.
- Luego una rama cálidamente humana, que pasa por la compasión de los sentimientos compartidos, hacia una generosidad, que puede conducir a la amistad, excelente plataforma para la convivencia en paz más hondamente humana.
- La rama axial de los valores que, de algún modo, vertebran todos los demás corresponde a la libertad, siempre condicionada y atenta a las exigencias de la justicia.
- Finalmente todas las ramas convergen en la convivencia en paz, que da el fruto de la alegría.

Como un árbol de navidad, podríamos envolverlo con una brillante cinta de plata: "Trata a los demás como quisieras que los demás te trataran a ti".

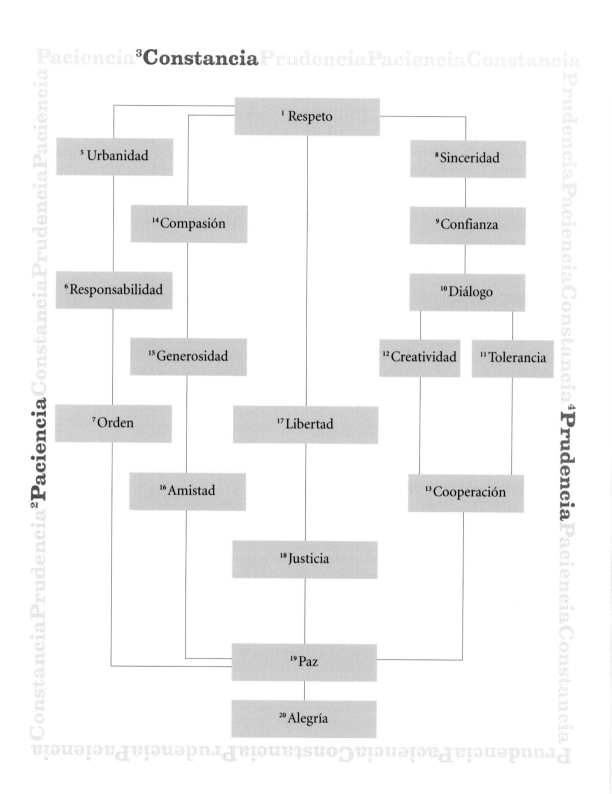

Contenido de cada valor.

Habida cuenta de la finalidad de esta obra, en cada valor podemos encontrar:

- Una parte teórica suficiente para aclarar las ideas básicas que conforman el valor. Se trata de conceptos o precisiones, dirigidos a los propios educadores, para que puedan enfocar la acción educativa de cada día de la forma más correcta posible.
- Una ojeada a los antivalores nos cerciorará de los límites de cada valor y de los falsos conceptos que podrían enmascarar su sentido auténtico.
- Una selección de frases de grandes pensadores nos brindará la posibilidad de que nuestros hijos puedan asomarse a unas proposiciones que suelen condensar en pocas palabras el pensamiento acumulado y madurado a lo largo de siglos. A menudo estas frases célebres deben matizarse; los mayores de la casa deberemos traducirlas a situaciones de la vida cotidiana con toda la riqueza de matices que les faltan.
- Textos literarios que ilustran las características de cada valor. Pueden ser fábulas, diálogos sencillos o narraciones, que llevan un mensaje rudimentario, pero muy eficaz. Para este libro, hemos reelaborado algunos cuentos clásicos o fábulas, o hemos creado nuevas narraciones que ayudarán a nuestros pequeños a entender mejor el mensaje que les queremos transmitir.
- Finalmente, la vertiente práctica se ofrece en forma de actividades, con múltiples propuestas y sugerencias directamente aplicables a la vida familiar.

Más allá de esta obra

Repetidas veces hacemos alusión a la conducta de los padres como elemento capital en la educación. De poco servirán las ideas teóricas claras, los arsenales de juegos y cuentos, las frases de brillantes palabras, si no estamos convencidos de que el factor imprescindible y básico es el testimonio de los mayores del hogar. No se trata de prodigarles lecciones y sermones a los hijos sino de que vean en casa lo que deben hacer. La reflexión oral debe ser aquello que clarifica el porqué de muchas actuaciones silenciosas. Los educadores debemos ser conscientes de que nuestros hijos son la suma de muchos sumandos y de que algunos de ellos están en nuestras manos, pero la mayoría no. El resultado final, nos guste o no, quedará al arbitrio de su libertad. Nosotros responderemos de nuestra influencia; ellos responderán de sus actos.

ESTEVE PUJOL I PONS Licenciado en Filosofía y Magisterio. Colaborador en la Formación Permanente del Profesorado del ICE en varias universidades de Catalunya (España)

A ¿Qué quiere decir respeto?

veces las palabras más sencillas son las más difíciles de definir; son tan claras, las usamos tanto y las entendemos tan bien que… nos resulta muy complicado resumir su contenido en términos concisos.

En vez de buscar una definición de diccionario, vayamos por otro camino: la palabra respeto procede de una palabra latina que significa "mirar alrededor". Esto nos puede arrojar mucha luz sobre lo que significa respeto y respetar. ¿Es posible afirmar que el que respeta mira a su alrededor y el que no respeta no lo hace? Pues sí.

¿Cómo se lo explicamos a nuestros hijos?

Lo más claro es hacerlo con imágenes. Será fácil hacerles ver la diferencia entre: *a)* estar en la cima de un monte, aislado de todo el mundo, y *b)* estar en un vagón de tren lleno de pasajeros que leen, charlan u observan el paisaje.

Pues bien, si en la cima desierta de la montaña pongo en marcha mi radiocasete o mi reproductor de CD con toda su potencia, no voy a faltar al respeto de nadie; si, por el contrario, en medio del vagón de tren hago lo mismo, observaré el enfado de muchos viajeros y posiblemente alguno de ellos o el responsable del tren me llamarán la atención porque no respeto a los demás.

¿Por qué esta diferencia? Porque si desde la cima "miramos a nuestro alrededor", no vemos a nadie; mientras que si "miramos a nuestro alrededor" en la otra situación, vemos a alguien. Ésta es la diferencia.

Quien sabe mirar a su alrededor y ver que hay personas como él, que no está solo, sabrá qué significa respetar. Por el contrario, quien actúa sin observar si hay alguien a su alrededor (o sin tenerlo en cuenta) y dice y hace como si estuviera solo, seguramente no respetará a los demás.

¿Cuándo empezamos a enseñarles a respetar?

Desde el momento en que nuestros hijos tengan a alguien a su alrededor, es decir, desde el principio. Los padres (los educadores en general) no siempre pretendemos que entiendan lo que les decimos; lo importante es que desde pequeños nos oigan para inculcarles muy lentamente unos hábitos de reflexión y de conducta que los modelarán para toda su vida: a eso llamamos educar.

¿Cómo evitar el antirrespeto?

Al intentar poner en práctica el respeto, es posible caer en los dos extremos, es decir, se puede malograr el valor del respeto por exceso y por defecto.

En el primer caso: por atrevimiento o descaro, por descortesía o falta de atención y respeto, o por meterse uno en algo inoportunamente.

En el segundo caso: por temor a que suceda algo que no se desea, por desconfiar o sospechar algo no querido, por tener demasiado en cuenta la opinión de los demás, anteponiéndola incluso a las normas de la moral.

Falta de respeto	Exceso de respeto
• Descortesía	• Miedo
• Insolencia	• Recelo
• Grosería	• Respeto que deriva en complicidad por temor
• Intromisión	

Tal vez dentro del hogar creamos, o quizá toleramos conductas de verdadero antirrespeto, al favorecer situaciones entre los componentes de la familia, especialmente los padres con los hijos, que pueden ser consideradas como de falta de respeto, y que muchas veces nos pasan desapercibidas. Sólo al reflexionar nos damos cuenta de que estamos avivando el antirrespeto al practicar:

• **La injusticia.** Cuando no damos a cada uno lo que le corresponde; a veces bajo la falsa excusa de "no hacer diferencias".

• **El silencio.** Cuando no expresamos nuestros pensamientos en circunstancias en las que debemos hacerlo.

• **La desigualdad.** Cuando alguien se arroga más derechos que los demás, sin fundamento objetivo.

• **La insolidaridad.** Cuando no queremos compartir ideas, responsabilidades, bienes, tiempo, preocupaciones, alegrías…

No hemos nacido solamente para nosotros.
CICERÓN,
FILÓSOFO ROMANO

El hombre es algo sagrado para el hombre.
SÉNECA,
FILÓSOFO LATINO

No hagas a otro lo que no quieras que te hagan a ti.
AUTORES VARIOS

Somos miembros de un gran cuerpo.
SÉNECA, FILÓSOFO LATINO

El plato de madera

¡Pobre abuelo! Había pasado la vida trabajando de sol a sol con sus manos; la fatiga nunca había vencido la voluntad de llevar el sueldo a casa para que hubiera comida en la mesa y bienestar en la familia. Pero tanto trabajo y tan prolongado se había cobrado un doloroso tributo: las manos del anciano temblaban como las hojas bajo el viento de otoño. A pesar de sus esfuerzos, a menudo los objetos se le caían de las manos y a veces se hacían añicos al dar en el suelo.

Durante las comidas, no acertaba a llevar la cuchara a la boca y su contenido se derramaba sobre el mantel. Para evitar tal molestia, procuraba acercarse el plato, y éste solía terminar roto en pedazos sobre las baldosas del comedor. Y así un día tras otro.

Su yerno, muy molesto por los temblores del abuelo, tomó una decisión que contrarió a toda la familia; pero era hombre impaciente, desconsiderado y tozudo y, a pesar de todo, la llevó a cabo: desde aquel día, el abuelo comería apartado de la mesa familiar y usaría un plato de madera; así, ni mancharía los manteles ni rompería la vajilla.

El abuelo movía suavemente la cabeza con resignación, y de vez en cuando enjugaba unas lágrimas que le resbalaban por las mejillas; era muy duro aceptar aquella humillación.

Pasaron unas semanas, y una tarde, cuando el yerno volvió a su casa, encontró a su hijo de nueve años enfrascado en una misteriosa tarea: el chico trabajaba afanosamente un pedazo de madera con un cuchillo de cocina. El padre lo miró lleno de curiosidad y le dijo:
– ¿Qué estás haciendo, con tanta seriedad? ¿Es una manualidad que te han mandado hacer en la escuela?
– No, papá – respondió el niño.
– Entonces, ¿de qué se trata? ¿No me lo puedes explicar?
– Claro que sí, papá. Estoy haciendo un plato de madera para cuando tú seas viejo y las manos te tiemblen.

Y así fue como el hombre aprendió la lección y, desde entonces, el abuelo volvió a sentarse en la mesa y comió con los mismos platos que utilizaba el resto de la familia.

¿Se puede, hijo?

Los mayores de la familia haremos el propósito de pedir permiso a nuestro hijo para entrar en su habitación o en el baño cuando tenga la puerta cerrada.

Un simple golpecito con los nudillos en la puerta y un suave "¿Se puede, José?" o "¿Puedo pasar, Ana?" serán una evidente muestra de respeto a la intimidad de los pequeños de la casa, que debe ser sagrada para nosotros.

Reciprocidad consiguiente

Sin pretender implantar formulismos agobiantes dentro de casa (¡eso jamás!), cabe esperar que nuestros hijos adquieran una costumbre idéntica hacia las habitaciones de los mayores. No se trata de que se lo exijamos, sino de que "salga de ellos" a la vista de nuestro ejemplo.

Respetamos tu intimidad

A estas edades nuestros hijos tienden a guardar celosamente su intimidad. Posiblemente escriban notas personales en algún cuaderno, diario o en las cartas a sus amigos. Es importante que mostremos respeto a su intimidad: sus secretos son "sus secretos" y no debemos inmiscuirnos en ellos. Asimismo, hay que entender que, a estas edades, los niños ya tienen un gusto personal y que debemos respetar su criterio estético al decorar su habitación, elegir su ropa, etc.

Sugerencias prácticas

• No leer su diario personal, si no nos invitan a ello • No leer su correspondencia • No hojear sus notas personales • Permitirles que hablen por teléfono en privado • Favorecer que tengan una dirección propia de correo electrónico.

Miramos la televisión con respeto

Mirar programas, películas, concursos, debates... por televisión al lado de nuestros hijos nos ofrece multitud de oportunidades para "dejar caer" comentarios con intención educadora en relación al respeto o a la falta de respeto. Los personajes, las escenas, las actitudes, las intervenciones del público, el tono del presentador, o cualquier otra cosa, nos facilitarán la reflexón.

¡Atención!

No debemos ser inoportunos con nuestros comentarios, si no queremos obtener un efecto contrario. Una exclamación o una frase breve pueden ser más efectivas que una reflexión larga que les haga "perder el hilo" de lo que están viendo. Cuando se termine, podremos empezar una conversación más profunda.

paciencia

¿Qué quiere decir tener paciencia?

Tiene paciencia aquel que sabe esperar con calma lo que tarda en llegar. ¡Qué sencillo decirlo y qué difícil practicarlo, y cuánta paciencia para enseñarla!

De los 6 a los 12 años no son las edades más propicias para tener una actitud paciente, de espera reflexiva. De hecho, cuanto más pequeños menos capacidad para tener paciencia: el bebé, por ejemplo, no tiene paciencia alguna, cuando tiene hambre llora, y cesa de llorar cuando toma el pecho de la madre, y así en todas sus necesidades. Son el tiempo y una buena educación los que enseñan a tener paciencia.

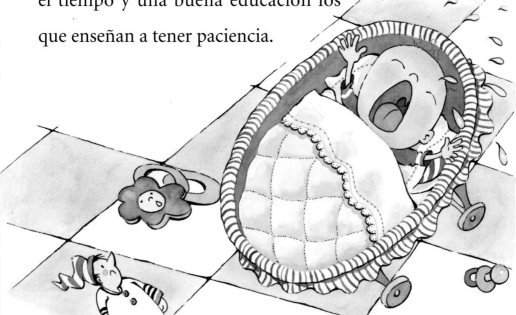

Ser paciente es a la vez aguardar y esperar

Para que nuestros hijos tengan paciencia deben saber aguardar y esperar (tener esperanza); ambas actitudes son imprescindibles para ser paciente.

Aguardar es dejar pasar el tiempo suficiente para que llegue algo que deseamos. Así, decimos que "aguardamos a que llegue el tren de las 9" o "aguardamos a que nos toque el turno en el colmado". Si pasa más tiempo del previsto, nos impacientamos.

Los niños no suelen tener este tipo de paciencia demasiado desarrollado. Se impacientan, protestan, se irritan porque todavía no… Por eso, es muy importante enseñarles a aguardar. Sin embargo, es imposible que sepamos aguardar si no tenemos esperanza, si no sabemos esperar. Nuestro hijo debe saber esperar a que acabemos nuestra conversación telefónica, porque debe tener la seguridad, dada por nosotros, de que después cumpliremos sus deseos. Sólo si desconocen ese cumplimiento, puede ser posible que ahora el niño y más tarde el adulto no sepa esperar, y la impaciencia lo consuma.

Ser fuertes para ser pacientes

- **La paciencia** no es propia de los débiles; los débiles se irritan.

- La paciencia no es propia de los cobardes; los cobardes se atemorizan.

- La paciencia no es propia de los pasivos; los pasivos no hacen nada.

- La paciencia no es propia de los inútiles; los inútiles son incapaces incluso de tener paciencia.

- La paciencia no es propia de los indiferentes; los indiferentes no esperan nada.

- La paciencia no es propia de los orgullosos; los orgullosos no se rebajan a esperar.

- La paciencia no es propia de quienes les falta valor y ánimo para tolerar desgracias, o para intentar cosas grandes (los pusilánimes), porque éstos se acoquinan, se retraen y abandonan.

Los pacientes vencen.
AFORISMO CLÁSICO

La paciencia triunfa en sus empresas mejor que la fuerza; muchas cosas que no se podrían resolver de un solo golpe se conquistan venciéndolas poco a poco.
PLUTARCO, ESCRITOR GRIEGO

¡Qué desgraciados son los que no tienen paciencia! ¿Cuándo se ha curado una herida en un instante?
WILLIAM SHAKESPEARE, DRAMATURGO INGLÉS

La paciencia es la más heroica de las virtudes, precisamente porque no tiene apariencia heroica.
GIACOMO LEOPARDI, ESCRITOR ITALIANO

La paciencia es el arte de esperar.
FRIEDRICH SCHLEIERMACHER, TEÓLOGO ALEMÁN

¿Cómo podemos enseñar a tener paciencia?

Nuestro hijo debe aprender que no todas sus peticiones son de obligado cumplimiento. Para ello, los padres (¡y los abuelos!) debemos aprender a decir que no. Ésta es una cuestión de equilibrio educativo, ya que no podemos pasarnos ni por exceso ni por defecto.

Todos los extremos son malos y, como la mayoría de las veces, la virtud se encuentra en el punto medio. Los padres debemos aplicar la "técnica del pescador": no podemos aflojar siempre el sedal, porque no pescaremos nada; ni podemos tirar siempre de él, porque se nos va a romper. Debemos tirar y soltar sucesivamente, con mano de artista y sentido de la oportunidad, muy atentos a la reacción del "pez".

Así pues, pescar con caña es todo un arte y una lección de sabia oportunidad; pero lo es mucho más saber decir que no a nuestro hijo.

Si decimos que no más de la cuenta a nuestro hijo...	**Si decimos que no menos de la cuenta a nuestro hijo...**
• Se sentirá profundamente frustrado. • Creerá que no vale la pena pedir. • No confiará en la buena voluntad de las personas. • Perderá su necesaria autoestima. • Sospechará que no lo amamos bastante. • Buscará donde sea a quien le diga que sí. • Será un niño "quemado".	• Se creerá omnipotente. • No sabrá encajar las frustraciones de la vida. • Puede convertirse en un tirano caprichoso. • Deducirá que su voluntad no tiene límites. • No tocará con los pies en el suelo; vivirá en un falso "mundo feliz". • Pensará que los que le decimos que no, no lo amamos. • No sabrá convivir en grupo. • Será un niño "mimado".

Nuestro hijo nunca debe sacar provecho de su ira

Los niños pueden sacar provecho de su ira por dos caminos distintos:

• Porque los mayores accedamos a sus demandas, justificadas o no, cuando van acompañadas de la correspondiente pataleta. En este caso, el brote airado tiene todas las características de un chantaje: para no soportar su enojo, les concedemos lo que nos reclaman.

• Porque los mayores entremos también en la espiral de la ira, por lo menos en forma de nerviosismo; tal vez consigan llevarnos a una explosión (¿llamémosla histérica?) más intensa que la suya.

En ambos casos, ellos habrán "ganado el asalto". En el primero por abandono y en el segundo por fuera de combate. Ante la violencia, los educadores debemos responder precisamente con la paciencia, es decir, con una espera calmada, serena, pacífica (pero atenta) hasta que haya pasado el chubasco infantil. Nosotros somos los primeros que debemos "contar hasta diez" (¡o hasta cien!) para conseguir dos objetivos:

• Dar una lección práctica sobre la inutilidad de su método.

• Dar una lección práctica de una paciencia de mejor calidad.

La oca que ponía huevos de oro *(Esopo)*

Érase una vez un hombre muy piadoso a quien los dioses premiaron con una oca que ponía huevos de oro.

Sin embargo, el hombre no fue bastante paciente para obtener provecho poco a poco, sino que, imaginándose que la oca era toda de oro por dentro, no se lo pensó ni un instante y la mató. Pero no sólo se equivocó en lo que había imaginado, sino que también perdió los huevos: el interior de la oca era de carne.

Del mismo modo, los ambiciosos e impacientes, por el deseo de obtener demasiado aprisa bienes mayores, pierden incluso los que ya tienen entre las manos.

La zorra con el vientre hinchado *(Esopo)*

Una zorra que tenía hambre vio en el hueco de una encina unos pedazos de pan y de carne que unos pastores habían dejado allí; se metió dentro y se los comió. Pero después, con el vientre hinchado, no pudo salir y gemía quejándose.

Otra zorra, que pasaba por aquel lugar, oyó sus gemidos y, acercándose, le preguntó qué había ocurrido.

Cuando supo el problema, le dijo: "Pues ahora tienes que permanecer ahí hasta que vuelvas a estar como estabas cuando entraste; sólo entonces podrás salir fácilmente."

La respuesta de la segunda zorra nos indica que, en muchos casos, hay que tener paciencia y esperar para que se solucionen nuestros problemas.

Guardemos turno

En múltiples ocasiones, sea dentro del hogar, sea fuera de él, nos vemos en la necesidad de guardar turno (¡y a veces con grandes dosis de paciencia!). Nuestros hijos deben aprender también a guardar su turno.

Nuestra actitud paciente y nuestra reflexión oportuna constituirán una lección acerca del sentido positivo de la espera en ocasiones muy variopintas:

• En los juegos de mesa o de exterior.
• En las conversaciones familiares.
• Al servir la comida en la mesa.
• Al subir o bajar de un vehículo público.
• En las colas de comercios, transportes…
• En consultorios médicos, servicios sociales.
• En situaciones deliberadas.

Reflexión

Nuestros hijos suelen acompañarnos al supermercado, a la panadería o a cualquier tipo de establecimiento donde hay que "tomar número" para ser atendidos. En estas ocasiones, podemos aprovechar para que sean ellos quienes tomen el número, vigilen nuestro turno, vean el provecho de saber aguardar y cómo la espera redunda en beneficio propio y de los demás.

Cuenta hasta diez

Si nuestro hijo se irrita a menudo y sabe contar hasta diez, podemos juntar ambas características.

Cuando veamos que asoma la ira, la impaciencia, el nerviosismo… le podemos pedir con serenidad que cuente hasta diez (al ritmo de un número por segundo) y que se acompañe del gesto habitual con las manos para pedir calma a alguien. Es posible (ojalá no se quede en mera posibilidad) que mengüe notablemente su arrebato de impaciencia.

A estas edades (hasta 12 años) quizás debamos considerar los arrebatos de ira como rabia o "pataleta". Estos ataques de rabia, tan típicos de todos los pequeños, son momentos de descontrol pasajero, con unas características similares a las explosiones de ira de los adultos.

Por estas razones, los padres debemos hacer todo lo posible para frenar cuanto antes los impulsos de ira de nuestros hijos.

Reflexión

Sin duda alguna, en todos los campos de nuestra experiencia, o de nuestra vida, o incluso si seguimos los comportamientos de la humanidad a lo largo de su historia, podemos asegurar que: si sumamos ira a la ira, grito al grito, violencia a la violencia… sólo lograremos doble ira, doble grito, doble violencia.

constancia

¿Todavía significa algo la constancia?

La aceleración de los cambios en todos los órdenes ha hecho posible que las variaciones sociales, científicas, técnicas… durante cinco años hayan sido más intensas que las que se dieron a lo largo de cinco siglos. Estamos en la cultura del "usar y tirar"; sólo a un necio se le ocurriría mandar a reparar un bolígrafo porque no escribe: se tira y se compra uno nuevo. La inmensa mayoría de los objetos de uso cotidiano sólo se utilizan una vez. Por suerte, la cultura del reciclaje les da una posterior utilidad, aunque a veces en campos bien distintos a los del producto original.

Estamos en la cultura del cambio. Quizá deberíamos hablar de la ¡constancia del cambio!

A pesar de todo, admiramos la constancia

Aunque se trata de un valor de baja cotización entre la gente joven, debemos reconocer que admiramos a las personas que en su vida han demostrado una gran tenacidad o constancia. Sabemos que las grandes figuras del pensamiento, de la ciencia, de las artes, de la técnica, de los deportes… han sido perseverantes en sus proyectos y realizaciones: han sido constantes.

La veleidad no sustenta grandes descubrimientos o empresas duraderas. Ha habido grandes investigadores en todos los campos que han hecho posible un progreso humano de provecho universal gracias a la continuidad de su trabajo. Nuestros hijos pueden ser muy sensibles a la fidelidad "obstinada" de sus ídolos deportivos hasta conseguir unos récords que los han elevado al podio de los héroes. Les es fácilmente comprensible la cantidad de horas de entrenamiento para conseguir y mantener unas marcas históricas. Si practican algún deporte o tocan algún instrumento musical, saben lo que es la tenacidad para llegar a triunfar o, por lo menos, para salir de la mediocridad.

La constancia es fuente de posibilidades

La constancia aumenta las posibilidades, la creatividad, los recursos disponibles, es decir, abre el abanico en vez de cerrarlo. Los ejemplos se multiplican:

- **En el mundo del deporte.** El atleta, el gimnasta, el nadador o cualquier otro deportista tendrá la capacidad de superar los récords establecidos, inventar nuevos estilos y llegar más lejos, después de años de entrenamiento perseverante.

- **En el mundo del arte.** El músico, el pintor, el bailarín… con muchos años de oficio será capaz de crear y recrear una infinidad de variaciones y nuevas ideas.

- **En el mundo de los idiomas.** Años de aprendizaje y práctica hacen que una lengua extranjera llegue a parecer como propia, y facilitan el aprendizaje de nuevos idiomas.

- **En el mundo de la técnica.** Quien sea ducho en algún oficio sacará de su experiencia repetida y comprobada, con éxitos y fracasos, infinidad de posibilidades creativas, cambiantes y adaptadas a cada situación.

No todo es constancia, aunque lo parezca

Al oír la palabra constancia nos vienen a la mente, y a la de nuestros hijos, muchos conceptos estrechamente vinculados con ella, pero de características muy diversas. Para esquematizarlos, vamos a agruparlos en tres tipos según estos criterios:

• **Palabras parecidas.** Son palabras que nos traen conceptos muy afines a la constancia. Algunas son verdaderos sinónimos y otras conllevan ciertos matices interesantes que enriquecen la idea primera.

• **Palabras opuestas.** Son palabras que solemos vincular a la constancia de forma abusiva. Deberemos aclarar que son conceptos rechazables y que no podemos ponerlos en la misma cesta.

• **Palabras independientes.** Este grupo lo constituye una serie de palabras positivas, altamente valoradas en nuestra cultura, y con razón. Podemos ser muy constantes y, sin embargo, muy creativos o muy tolerantes, porque son valores perfectamente compatibles. Y deben serlo en una persona equilibrada y madura.

Una gota horada una piedra, no por su fuerza, sino por su caída constante.
PROVERBIO CLÁSICO

También hay que sembrar después de una mala cosecha.
SÉNECA, FILÓSOFO LATINO

Es más fácil hacer muchas cosas que hacerlas mucho tiempo.
QUINTILIANO, RETÓRICO ROMANO

La victoria es del más perseverante.
NAPOLEÓN I, EMPERADOR FRANCÉS

La constancia obtiene las cosas difíciles en poco tiempo.
BENJAMIN FRANKLIN, POLÍTICO NORTEAMERICANO

La perseverancia es la virtud por la cual todas las demás virtudes dan fruto.
ARTURO GRAF, ESCRITOR ITALIANO

Parecidas	Opuestas	Independientes
Disciplina.	Rigidez.	Creatividad.
Control.	Tozudez.	Espontaneidad.
Tenacidad.	Fanatismo.	Agilidad.
Compromiso.	Esclavitud.	Tolerancia.
Obligación.	Obsesión.	Improvisación.
Continuidad.	Inmovilismo.	Provisionalidad.
Resistencia.	Integrismo.	Libertad.
Perseverancia.	Fundamentalismo.	Flexibilidad.
Entereza.	Rigorismo.	Pluralismo.
Fidelidad.	Resignación.	Relajación.

Los fanatismos

– *Papá, a menudo me repites que debo ser muy constante; los fanáticos también son muy constantes, demasiado, ¿no?*

– *Sí, hija, los fanáticos, los obsesionados son muy constantes, tienes toda la razón.*

– *Entonces, ¿esto significa que la constancia puede ser buena y mala?*

– *Exacto, como todas las cosas de la vida. De la misma manera que el fuego es bueno y malo, el agua es buena y mala, la energía atómica es buena y mala, o el alcohol es bueno y malo. Todo depende del uso que hagamos. Lo mismo ocurre con la tenacidad, la perseverancia o la constancia. Puede haber perseverantes en el crimen, en el odio, en la mentira, en la violencia, ¡en la pereza!… y perseverantes en la ayuda a los demás, en el amor, en la investigación pacífica, en el trabajo, en la honradez, en el optimismo…*

– *Y ¿cómo podré distinguir un fanático, por ejemplo, de un "buen perseverante"?*

– *La distinción no es tan sencilla. Lo bueno y lo malo dependen de lo que cada uno entienda por ello. Habría que estar en el corazón de cada persona para ver sus verdaderas intenciones. De todos modos, hay personas que, al margen de sus intenciones, dañan a los demás y los vuelven infelices. La sociedad, es decir, todas las personas que convivimos, debemos procurar que estos "malos perseverantes" abran los ojos y contribuyan al bien de todos.*

– *¿Yo me puedo volver una fanática?*

– *Por desgracia sí. Sólo se me ocurre darte tres consejos para no volverte fanática. En primer lugar, pregúntate siempre ¿por qué hago esto?; en segundo lugar, escucha con atención a quienes critican lo que estás haciendo; y, en tercer lugar, piensa de verdad que no sólo tú tienes la razón.*

– *¿Son como unas fórmulas mágicas?*

– *¡Nada de mágicas! ¿Verdad que las vacunas no son mágicas? Pues estas tres preguntas son como una vacuna contra el fanatismo. Te diré por qué: los fanáticos nunca quieren criticar lo que ellos hacen; tampoco escuchan con gusto a los que los critican, ni sacan provecho de sus observaciones; y sobre todo creen que todos los demás andan equivocados y que sólo ellos poseen la verdad. Esto último es la raíz del fanatismo, puedes creerme.*

hasta **7** años

El Gran Cañón del Colorado

Podemos jugar a encontrar, dentro y fuera del hogar, objetos o materiales resistentes por su naturaleza, pero cuyo uso, repetido y constante, ha logrado dejar una huella visible en ellos. Tal vez han sido muy modificados y han adquirido formas caprichosas. Por ejemplo, el Gran Cañón del Colorado o cualquier valle excavado por un río, o las formas caprichosas de determinados conjuntos rocosos modelados por el viento o el agua.

Reflexión

Algunas prácticas sencillas pueden dar a nuestros hijos cierta idea de los efectos de la repetición perseverante. Si se echa agua sobre la arena, se ve el efecto inmediato de la erosión, pero si se echa sobre una piedra dura, el efecto es totalmente imperceptible. Sólo tras muchos años sería posible apreciar el efecto erosivo (se puede comprobar en fuentes de mármol que han sido roídas por un pequeño chorro de agua).

hasta **12** años

Gente perseverante

Con nuestro hijo podemos buscar en una enciclopedia la biografía de personajes históricos que han dedicado su vida a un proyecto para bien de la humanidad.

Algunos ejemplos posibles son: Barnard, Sócrates, Marx, Freud, Pitágoras, Casals, Koch, Newton, Arquímedes, Colón, Platón, Marconi, Da Vinci, Bell, Fleming, Mme. Curie, Mozart, Pasteur, Galileo, Copérnico, Ramón y Cajal, Franklin, y una larga lista de premios Nobel de Física, Química, Medicina, etc.

Sugerencia

• Será muy relevante constatar las dificultades que muchos de estos personajes (¿todos?) encontraron para llevar a cabo sus proyectos y los momentos de desánimo que tuvieron.

prudencia

¿Qué es la prudencia?

La prudencia es el sentido práctico por sistema, o sea, es el modo de hacer o la conducta que nos hace ser prácticos para conseguir lo que queremos. Veamos el siguiente ejemplo: Elena vive en un sexto piso y, afortunadamente, en el edificio hay dos ascensores. Ella siempre toma uno para subir. Ayer estalló una tormenta de verano sobre la ciudad. Elena decidió subir a pie los seis pisos porque sabe por experiencia que, en ocasiones semejantes, se va la corriente eléctrica. Elena es prudente porque ha valorado con buen juicio los medios para conseguir lo que desea: llegar a su casa sin problemas.

La prudencia es una mezcla

La prudencia es una mezcla equilibrada de:

• **Inteligencia,** que nos hace distinguir qué medios son buenos, cuáles no tanto y cuáles son francamente malos para obtener algo.

• **Experiencia,** que nos da argumentos, muchas veces sin que los formulemos conscientemente, para aprovechar al máximo los éxitos anteriores y no repetir los errores.

• **Sentido común,** que nos hace valorar la utilidad de estos medios teniendo en cuenta las circunstancias concretas.

Si aplicamos esta mezcla al caso de Elena, veremos que en otra situación hubiera tomado el ascensor sin pensarlo ni un instante, pero sabe que en cualquier momento puede irse la electricidad; se lo dice la experiencia. Su inteligencia y su sentido común le permiten ser prudente y optar por subir las escaleras para llegar a su casa sin problemas.

¿Por qué toma normalmente el ascensor? Porque también sabe que, si hace buen tiempo, hay muy pocas probabilidades de que se vaya la luz; pasa poquísimas veces.

Quien no conoce un camino que lleve al mar, tiene que buscar un torrente por compañero de viaje.
PLAUTO, POETA LATINO

Una corriente se atraviesa nadando en la dirección de las aguas; no podrás vencer un río si nadas contracorriente.
OVIDIO, POETA LATINO

Cuando la derrota es inevitable, conviene ceder.
QUINTILIANO, RETÓRICO ROMANO

Es mejor perder que perder más.
PROVERBIO PORTUGUÉS

No es realmente valiente el que teme ser, cuando le conviene, un cobarde.
EDGAR ALLAN POE, ESCRITOR NORTEAMERICANO

Lo que es y lo que no es prudencia

Las personas debemos saber administrar nuestras fuerzas para actuar siempre con la prudencia necesaria. Si comparamos este valor con las marchas de un automóvil y su utilidad, entenderemos cómo funcionan las diferentes intensidades de la prudencia.

Prudencia con marcha larga

- Es la prudencia que uno debe usar en las situaciones normales, cuando la tarea no reviste especial compromiso ni dificultad relevante.
- Es la marcha habitual para no quemar el motor y circular con agilidad y cuidado; es económica y útil.
- ¡Nunca podemos circular sin una marcha puesta! El vehículo perdería el control.

Prudencia con marcha corta

- Es la prudencia reforzada que usamos en casos complicados, cuando nos hallamos ante una situación problemática.
- Es la marcha para desniveles costosos; abusar de ella podría romper el motor; es más lenta y supone un mayor desgaste.
- A menudo es totalmente necesaria, si no queremos calar el motor y quedarnos parados.

Prudencia con marcha atrás

- Es la prudencia que nos hace ir contracorriente. Llamémosla "objeción de conciencia" y pensemos que es actuar de manera valiente.
- Es una marcha excepcional, muy arriesgada, y comporta peligros evidentes que uno debe estar dispuesto a asumir.
- Algunas veces es la única solución, ya que es la marcha más potente pero... ¡mucho cuidado!

Prudencia por defecto y por exceso

No todo es prudencia y se puede malograr una actitud prudente tanto por defecto, como por exceso. Una vez más, el verdadero valor se encuentra en el punto medio. A mayor riesgo, mayor prudencia.

Imprudencia por defecto

- Por precipitación. Cuando no nos paramos a pensar lo suficiente para poder ver si los medios son adecuados, correctos y justos.
- Por temeridad. Cuando despreciamos el uso de los medios que nos guardarían de peligros innecesarios.
- Por desconsideración. Cuando no atendemos bastante a las circunstancias y actuamos como cegados por principios absolutos.
- Por negligencia. Cuando no prestamos atención a los detalles durante la ejecución de una acción; esto hace que el resultado desmerezca las mejores intenciones.

Imprudencia por exceso

- Por engaño o malicia. Cuando planeamos y usamos unos medios eficaces, pero éticamente no correctos, que violan los derechos de los demás.
- Por previsión desproporcionada. Cuando queremos excluir toda posibilidad de error o de fracaso. Esto es muy propio de los indecisos, que quieren dejarlo todo tan atado y bien atado que, al final, no hacen nada.
- Por cobardía o pusilanimidad. Cuando no se ponen en práctica aquellos medios que sabemos que son necesarios y oportunos porque prevemos que nos causarán inconvenientes. Ser prudente exige, en ocasiones, ser valiente.

La zorra y el macho cabrío (Esopo)

Una zorra cayó en un pozo e, incapaz de salir, tuvo que permanecer en él a la fuerza. Pero he aquí que llegó cerca del pozo un macho cabrío sediento y, al ver a la zorra, le preguntó si el agua era buena. La zorra, alegrándose de aquella ocasión, hizo un gran elogio del agua, diciendo que era buenísima, y lo animó para que bajara él también. El macho cabrío, sin pensárselo dos veces, bajó de un salto, atendiendo sólo a su deseo. Después de saciar su sed, preguntó a la zorra qué tenía que hacer para subir, y la zorra le dijo que se le había ocurrido una buena manera para salvarse los dos.

– Coloca las patas de delante contra la pared e inclina los cuernos, yo saltaré por encima de tu espalda y, una vez arriba, te ayudaré a salir. El macho cabrío, al oír estas últimas palabras, se apresuró a seguir el consejo. Entonces la zorra, encaramándose por las patas del macho cabrío, subió sobre su espalda y, apoyándose en los cuernos, alcanzó la boca del pozo y se alejó.

Dado que el macho cabrío le recriminó que se desentendiera del acuerdo que habían tomado, la zorra se volvió y le dijo:

– Amigo, si tuvieras tanto juicio como pelos tienes en la barba, no hubieras bajado sin pensar primero cómo saldrías del pozo.

De manera semejante, las personas juiciosas también deben considerar, antes de realizar las acciones, cómo van a acabarlas.

hasta **7** años

Prudencia en la carretera

En la parte teórica hemos aludido a la prudencia con marcha larga, con marcha corta y con marcha atrás. Cuando vamos en coche con nuestro hijo podemos aprovechar para insistir en estas ideas.

También puede ser un buen momento para aplicar el valor de la prudencia a la conducción de los vehículos.

¿Por qué decimos que la mayoría de los accidentes de tráfico se deben a la imprudencia? Analicemos si es realmente imprudencia y en qué sentido. ¿Qué quiere decir ser prudente en la carretera? Sin duda, los casos reales nos saldrán al paso: conductores que no respetan las señales de tráfico ni los límites de velocidad establecidos, peatones que cruzan la calle sin mirar, motoristas que circulan sin llevar el casco puesto, personas que hablan por sus teléfonos móviles (celulares) mientras conducen, etc.

hasta **12** años

La prudencia y los deportes de aventura

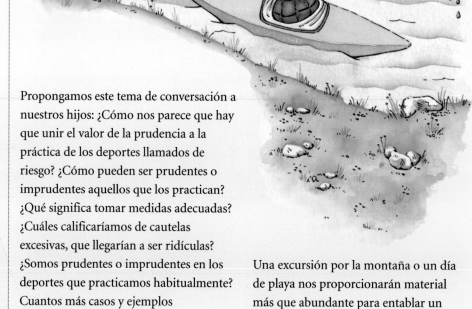

Propongamos este tema de conversación a nuestros hijos: ¿Cómo nos parece que hay que unir el valor de la prudencia a la práctica de los deportes llamados de riesgo? ¿Cómo pueden ser prudentes o imprudentes aquellos que los practican? ¿Qué significa tomar medidas adecuadas? ¿Cuáles calificaríamos de cautelas excesivas, que llegarían a ser ridículas? ¿Somos prudentes o imprudentes en los deportes que practicamos habitualmente? Cuantos más casos y ejemplos comentemos, mejor.

Una excursión por la montaña o un día de playa nos proporcionarán material más que abundante para entablar un diálogo interesante.

¿Qué entendemos por urbanidad?

La urbanidad es la manifestación externa del respeto hacia las demás personas. Está formada por un conjunto de normas relacionadas con la convivencia, que tienden a evitar incomodidades entre las personas cuando se relacionan entre ellas. Aunque en nuestra vida dentro del hogar podamos prescindir de algunos detalles para no convertir la vida doméstica en una "vida de etiqueta", nuestros hijos deben conocer bien las normas de urbanidad y saberlas poner en práctica en su "vida social".

¿Todavía está de moda la urbanidad?

Es cierto que hay conductas para todos los gustos y que resulta frecuente encontrar a jóvenes y adultos que hacen ostentación de su grosería en palabras y hechos. Sin embargo, también podemos constatar un resurgimiento del interés por las normas de urbanidad. En sociedades avanzadas, y precisamente a causa de su nivel cultural, se observan con respeto aquellas costumbres sociales que hacen más agradable el trato humano.

Sería una lástima que una sociedad como la nuestra, que dice preocuparse por la tolerancia y la convivencia, que reclama respeto a toda clase de personas, que procura integrar diferencias e intenta no herir susceptibilidades gratuitamente, que proclama un trato digno incluso a los animales, dejara en el olvido unas convenciones de buen gusto que, al fin y al cabo, no deben tener otra finalidad que limar la rudeza, muchas veces hostil, a la que nos inclinan nuestros instintos más primarios.

Estas convenciones sociales son arbitrarias en su concreción, esto es muy cierto, y ello suele inquietar la espontaneidad de nuestros hijos. No obstante, nos será fácil hacerles caer en la cuenta de las normas igualmente arbitrarias, y a menudo exageradamente rígidas, que ellos mismos se imponen, por ejemplo, en la forma de vestir o actuar en una discoteca, o en los rituales practicados durante los recreos en la escuela o en la práctica de los deportes, o simplemente en la forma de peinarse o de llevar colgado el bolso; si alguien no acepta estas normas, tácitas, pero muy claras, es mirado como bicho raro.

Urbanidad dentro y fuera de casa

Todos los padres tenemos la justísima ambición de que nuestros hijos sepan comportarse adecuadamente en público y que no nos sintamos avergonzados por su forma de hacer o de hablar. Es en el hogar donde se puede llevar a cabo un aprendizaje lento y constante que después dará su fruto, puesto que los buenos modales no se improvisan.

En el ambiente familiar o de amistad, podremos y deberemos relajar la práctica de muchas normas sociales; de no hacerlo, crearíamos un ambiente sumamente incómodo, encorsetado, falso. Pero en el preciso instante en el que pisamos la calle, accedemos a un local público o entramos en casa ajena tenemos que cambiar el registro y adoptar una conducta adecuada a la nueva situación.

La ignorancia de los usos y costumbres de un colectivo crea desasosiego y una sensación de inferioridad muy desagradable en quienes tienen tal desconocimiento.

La urbanidad no es hipocresía

Nuestros hijos pueden decirnos que ven la urbanidad como una mentira social y que prefieren ser sinceros, espontáneos y naturales. Habrá que convencerlos, sobre todo con nuestro ejemplo y palabras oportunas, de que podemos cumplir perfectamente con las costumbres corteses y ser a la vez sinceros, espontáneos y naturales. La única forma de convivir es respetar unas ciertas convenciones que hacen posible que el trato humano, la vida en definitiva, sea más agradable.

De hecho, la persona que conoce lo que debe hacer en cada ocasión, puede actuar con un margen enorme de espontaneidad, y cuanto más asimiladas tenga estas costumbres, las podrá practicar con mayor naturalidad.

En definitiva, la constancia en la práctica de la corrección social creará en nosotros unas costumbres que, a su vez, harán esta práctica más fácil, más natural, más espontánea y más agradable. O sea, todo lo contrario de la hipocresía o la artificialidad.

Cara y cruz de lo espontáneo

Con frecuencia leemos o escuchamos entrevistas con personajes famosos en las que afirman que lo que aprecian más en una persona es la sinceridad. Parece que el valor supremo de la vida lo poseen los que son sinceros.

Si entendemos sinceridad como naturalidad, ausencia de afectación, hay que estar de acuerdo en que es un valor que debemos cultivar en nosotros y en nuestros hijos. Las poses y palabras que alguien emplea para aparentar lo que no es y quedar bien en la foto son juzgadas como expresiones ridículas, que desmerecen a quien las manifiesta.

Sin embargo, si tomamos la sinceridad como carencia de autocontrol en la relación con los demás, entonces debemos concluir que la persona espontánea es una peligro para la convivencia social. La vida comunitaria está basada en la necesaria autorrepresión de las conductas nocivas o sencillamente molestas hacia los demás. No podemos decir o hacer todo lo que espontáneamente nos salga de dentro; la sociedad volvería a la jungla. Nos humanizamos en la medida en la que controlamos nuestra espontaneidad.

La urbanidad y la hipocresía

Cuando la urbanidad es hipocresía, se nota de lejos; no es urbanidad, es pantomima. Urbanidad procede de una palabra latina, *urbs*, que significa ciudad. El que quiera vivir en una ciudad, es decir, junto a los demás, con los beneficios y deberes que ello comporta, debe estar de acuerdo en seguir las pautas (leyes, costumbres, reglas, etc.) de comportamiento que son propias de toda comunidad humana, desde siempre.

Quien prefiera vivir solitario en la cima de una montaña o en una isla desierta no necesitará tener en cuenta ni una sola norma de urbanidad. Respetar las leyes, las normas establecidas por una mayoría para la mejor convivencia en un núcleo urbano, o incluso en una gran comunidad, no es hipocresía, es querer vivir y convivir en sociedad.

La urbanidad y la hipocresía tienen caras contrapuestas, o están vestidas con diferentes ropajes:

La urbanidad	La hipocresía
• Respeta.	• Adula.
• Ayuda.	• Molesta.
• Piensa en el otro.	• Piensa en uno mismo.
• Mejora la convivencia.	• Entorpece la convivencia.
• Siempre cae bien.	• Disgusta cuando se descubre.
• Se agradece.	• Se rechaza.
• Mejora nuestro carácter.	• Nos envilece.
• Es verdadera.	• Es falsa.
• Se muestra.	• Se oculta.
• Es un vestido.	• Es un disfraz.
• Es joya que adorna.	• Es oropel que engaña.
• Es delicada.	• Parece delicada.
• En el fondo, es una forma de amor.	• Es un pésimo sucedáneo del amor.
• Por suerte, es útil.	• Por desgracia, es útil.

La urbanidad

— Mamá, ¿la urbanidad tiene algo que ver con la Guardia Urbana?

— No, hija. La urbanidad es algo que parece que está pasado de moda, y no debería estarlo.

— ¿Como los vestidos de la abuelita?

— No exactamente. La urbanidad es todo aquello que debemos tener en cuenta cuando tratamos con los demás: cómo debemos comportarnos para no molestar al resto de las personas y cómo podemos facilitarnos la vida unos a otros y no añadir más dificultades.

— No lo entiendo, mamá. Explícate un poco más.

— Imagínate que vas a comer a casa de tu amiga porque te han invitado; hoy es su cumpleaños. Tú te presentas con un vestido sucio y maloliente; entras en la casa sin saludar a nadie; das un empujón a la mamá de tu amiga; te acercas al pastel de cumpleaños con las manos sucias de haber jugado al balón, cortas un trozo para ti y empiezas a comértelo sin esperar a los demás; te limpias las manos con el mantel; bebes un refresco directamente de la botella; gritas y dices tonterías como que el pastel sabía a cebolla podrida...

— Mamá, por favor, esto no lo haría nunca. Creo que soy una chica bien educada.

— Muy bien. Pues, a ser bien educada también se le llama tener urbanidad.

– Mira, yo habría saludado al papá y a la mamá de mi amiga con un beso, le habría dado el regalo a mi amiga y me hubiera puesto a jugar con las demás procurando no molestar. ¡Ah, y me hubiera puesto aquel conjunto de verano que tanto me gusta! Y lo del pastel… ¡es demasiado! Sólo imaginarlo me da asco. ¡Qué vergüenza! Seguro que me hubieran echado de la casa y nadie me invitaría nunca más a una fiesta, ¿no te parece?

– ¿Lo ves? Sin darte cuenta hubieras practicado muchas normas que la urbanidad nos indica para… no dar asco, como tú misma has dicho. Y no hay que dárselas de persona elegante para seguir las normas de urbanidad; simplemente hace falta ser correcto y agradable en el trato con la gente que nos rodea. Son costumbres que debemos tener en cuenta para convivir mejor. ¿Has visto, por ejemplo, que en la puerta del autobús dice: "Antes de entrar, dejen salir"?

– Sí, mamá, encima de la puerta.

– Pues es una costumbre de respeto hacia los demás pasajeros. ¿No te parece que tenerla en cuenta es facilitar la subida y bajada de los viajeros? Así nos ahorramos empujones y apretujones. Es una norma de urbanidad en los transportes públicos.

– Cuéntame más normas de urbanidad, porque yo no quiero ser grosera ni dar asco.

de
6/12
años

¿Cómo presentarse ante los demás?

Aseo e higiene

Dejando aparte las normas de higiene que todavía están sujetas a la voluntad de los padres, como la ducha diaria, el cuidado del pelo, el cepillado de los dientes, etc., vamos a insistir en la limpieza de manos y cara:

• **Manos limpias.** Deben adquirir la costumbre de lavárselas después de cualquier actividad que comporte suciedad.

• **Uñas limpias y bien cortadas.** Deberíamos lograr que tuvieran especial cuidado con sus uñas. Si se las

muerden, ya no se trata de una cuestión de urbanidad; suele afectar al campo de la psicología y debemos consultar a un experto.

• **Cara limpia.** La cara puede lavarse con tanta facilidad que casi es más un placer que un deber.

Vestidos y ropa interior

A estas edades sólo podemos insistir en dos aspectos:

• **No llevar ropa sucia o rota.**

• **Cambiarse la ropa interior** cada día (y siempre que sea necesario, si hay algún imprevisto).

Reflexiones

• La limpieza corporal es de importancia absoluta en todas las edades, pero en la infancia resulta imprescindible el aseo continuo, pues de él depende la salud de nuestros hijos y su entorno.

• A los animales de compañía o mascotas deben permitírseles ciertas actitudes, pero no todas, en lo que se refiere al contacto continuo con nuestros hijos. Su higiene debe ser tan exhaustiva como la humana.

¿Cómo viajar en transporte público?

A partir de determinadas edades, los niños empiezan a utilizar el transporte público sin la compañía de los adultos. En ese momento, deben tener ya asumidas una serie de normas básicas:

• **Antes de entrar, hay que dejar salir.** Hay que cumplir siempre esta regla y, además, ceder el paso a cualquier

persona anciana o con dificultades de movimiento.

• **Música.** Los niños deben saber que pueden escuchar música si así lo desean, siempre y cuando esto no suponga molestia alguna para los demás viajeros.

• **Ceder el asiento.** Debemos ceder el asiento a las personas ancianas, a las mujeres embarazadas o a cualquiera que presente alguna dificultad para estar de pie.

• **Pagar el trayecto.** Es un deber de justicia para todos los que usamos un servicio público. Además, debemos recordar que es el único título que nos daría derecho a recibir lo estipulado por el seguro de viajeros en caso de accidente (¡que ojalá no ocurra!).

¿Cómo saludar y presentarse?

- **Adelantarse en el saludo.** No les debe dar vergüenza saludar antes a una persona conocida que encuentren por la calle.
- **Saludar al grupo.** Aunque sólo se conozca a una persona del grupo, está bien saludar primero al grupo en general y después al conocido.
- **Presentar a una persona.** Si tienen que presentar, por ejemplo, al profesor de gimnasia, deben saber decir (con una sonrisa): "Es Rafael, mi profesor de gimnasia" y, a continuación: "Son mis padres y mis tíos".
- **Presentarse a sí mismos.** También deben ser capaces de decir: "Señora Pepita, soy Ana López, la hija de Juan, el carpintero", ¡sin morirse de vergüenza!
- **Puntualidad.** Debemos enseñarles que la puntualidad es una forma de cortesía. La impuntualidad suele perjudicar a los demás y significa un desprecio para las personas que hacen el esfuerzo de serlo.

Sugerencia

El posible miedo a hablar en público puede solucionarse con ejercicios de expresión, en los que el niño manifieste junto a otros compañeros sus ideas, sin importar la coherencia, hasta llegar a exponer realidades coherentes escritas, o dictadas por el educador.

¿Cómo comportarse en la mesa?

- **Llevarse la comida a la boca** (no la boca a la comida). Es el cubierto el que debe acercarse a la boca con naturalidad, sin agachar el cuerpo hacia el plato.
- **Usar la servilleta.** Hay que utilizar la servilleta antes y después de beber del vaso.
- **Usar los cubiertos.** Si se necesitan cuchillo y tenedor al mismo tiempo, se debe utilizar la mano derecha para el primero y la izquierda para el segundo, mientras que si sólo se necesita la cuchara o el tenedor, debe sostenerse este cubierto con la derecha. En el caso de los niños zurdos, será al revés.
- **Comer pan.** El pan no se mordisquea; se parte un trozo con los dedos y se lleva a la boca.
- **Comer carne.** Sólo se debe cortar el trozo que se vaya a comer.
- **Comer fruta.** Hay que evitar utilizar las manos o los dedos para mondar la fruta, siempre que sea posible.
- **Masticar.** Hay que masticar siempre sin hacer ruido, mantener la boca cerrada y no hablar ni beber con la boca llena.
- **Vaso.** En ningún caso hay que llenar el vaso hasta el borde ni beber su contenido de una sola vez.
- **Pedir las cosas.** Si en un momento determinado no se alcanza alguna cosa de la mesa, hay que pedir por favor que alguien la acerque.

de
6/12
años

¿Cómo expresarse por escrito?

A estas edades no es frecuente que reciban demasiadas cartas personales. Sin embargo, en verano y en épocas de vacaciones es posible que les lleguen postales o cartas de amigos.

- **Responder siempre.** Debemos acostumbrar a nuestros hijos a que, en justa reciprocidad, manden una postal de saludo y que en ella hagan constar al remitente que han recibido sus noticias.

- **Responder pronto.** También hay que enseñarles que no deben tardar en contestar, sea por correo postal o por correo electrónico. En la vida siempre es preferible pasarse de atento que de huraño.

- **Responder bien.** Asimismo, debemos insistir a nuestros hijos que deben escribir correctamente el nombre y la dirección del destinatario y del remitente en los sobres, para facilitar la labor de quienes reparten el correo.

¿Cómo comportarse en situaciones varias?

- **Dar la mano.** Se debe dar con naturalidad al saludar. Es necesaria la firmeza, pues resulta desagradable que nos saluden con mano como "pez escurridizo" o "flor marchita".

- **Deben levantarse.** Si están sentados, tienen que aprender que para saludar a alguien hay que estar de pie y aguardar unos momentos hasta reanudar la actividad.

- **No pasar** nunca entre dos personas que estén hablando.

- **Pedir permiso** antes de dirigirse a una persona que está hablando con otra.

- **No comentar** cosas en voz baja. En una conversación en grupo, no hay que hablar en voz baja con uno de los compañeros, porque podría dar la impresión de que se están burlando de otra persona del grupo.

- **Por favor, perdón y gracias.** Es muy importante saber utilizar estas tres palabras, ya que son fundamentales para las manifestaciones de urbanidad.

responsabilidad

¿Qué es la responsabilidad?

Busquemos por donde busquemos, veremos que las palabras "responsabilidad" y "responder" pertenecen a la misma familia y aportan el siguiente significado: "Capacidad, y quizá obligación, de responder de algo; deber de dar razón de lo que uno ha hecho, dicho u omitido". De esta manera, debemos asociar la idea de responsabilidad con hacer lo que se ha prometido, cumplir una promesa, o ser consecuente con la palabra dada. Quien adquiere una responsabilidad, siempre tiene que responder de algo ante alguien, y responsable es aquel que está capacitado para dar razón de sus actos.

Sólo somos responsables, si somos libres

Libertad y ser responsables

Es importante dar a este valor un sentido de compromiso, de exigencia; sin compromiso previo no puede haber responsabilidad. Pero el compromiso debe asumirse libremente; no se comprende que alguien tenga que responder de algo que le han obligado a aceptar a la fuerza; sólo se puede ser responsable de aquello que se hace libremente.

De hecho, sólo pueden premiarnos o sancionarnos por lo que hemos hecho libremente. Nadie premia a su hijo porque ha crecido mucho, ni le castiga porque necesita gafas; sólo se puede responder de aquello que se hace libremente.

Por ese motivo, debemos tener presente que educar a nuestros hijos en la responsabilidad es educarlos en la libertad… y viceversa. O, más sencillo todavía: educar su libertad es educar su responsabilidad, y educar su responsabilidad es educar su libertad. Si pretendiéramos desarrollar en nuestros hijos el valor de la responsabilidad sin atender a su vez al crecimiento de su libertad, los pondríamos en una peligrosa pendiente que los conduciría a una angustia insufrible: deberían responder de lo que no pueden evitar. Si los educáramos cargando excesivamente las tintas en la libertad, soslayando el aprendizaje de la responsabilidad, crearíamos personas sometidas a sus antojos y caprichos sin atenerse a las consecuencias que sus actos acarrearían hacia sí mismos y hacia los demás. Ambos valores, libertad y responsabilidad, deben entenderse como dos caras de una misma moneda: no es posible que exista una sin conllevar necesariamente la otra.

Tenemos que responder de lo que hacemos y podríamos no hacer; o mejor aún, del porcentaje de libertad que nos corresponde en todo lo que llevamos a cabo.

Lo positivo y lo negativo

Es bueno...	Es malo...
• Dar responsabilidades adecuadas a cada edad.	• Pedir más responsabilidades de las que les corresponden por su edad.
• Premiar de palabra las responsabilidades cumplidas.	• No felicitar por las responsabilidades cumplidas.
• Premiar, de vez en cuando, con una recompensa material.	• Pagar el cumplimiento de las responsabilidades con un sueldo.
• Pedir normalmente responsabilidades de las tareas encomendadas.	• No pedir nunca responsabilidades de las tareas encomendadas.
• Dar cuenta a los hijos de la responsabilidad que nos hayan encomendado.	• No sentirnos responsables ante nuestros hijos de lo que nos hayan encomendado.
• ...ser responsables.	• ...no ser responsables.

¿Qué dicen los responsables?	Y ¿qué dicen los irresponsables?
Sí, lo he hecho yo.	Yo no tengo la culpa.
Lo he hecho lo mejor que he sabido.	Ha sido sin querer.
Me preocupa haberte causado esta molestia.	Esto no es asunto mío.
Por favor, debo hacerlo yo, pues me comprometí a ello.	¡Arréglatelas como puedas!
Estoy a tu disposición, soy el responsable.	¿Y a mí qué me cuentas?
Perdón, te pido disculpas.	Si me preguntan, lo negaré todo.

Todo cargo es una carga: soporta la carga o deja el cargo.
REFRÁN ANTIGUO

Antes de obrar, reflexiona; cuando hayas tomado una decisión, llévala a cabo pronto.
SALUSTIO, HISTORIADOR ROMANO

¿Te has encargado de este papel? Tienes que representarlo.
SÉNECA, FILÓSOFO LATINO

La cigarra y la hormiga (Esopo)

Era un día de verano y una hormiga caminaba por el campo recogiendo granos de trigo y otros cereales para tener algo que comer en invierno. Una cigarra la vio y se sorprendió de que fuera tan laboriosa y de que trabajara cuando los demás animales, sin fatigarse, se daban al descanso.

La hormiga, de momento, no dijo nada; pero, cuando llegó el invierno y la lluvia deshizo el heno, la cigarra, hambrienta, fue al encuentro de la hormiga para pedirle que le diera parte de su comida. Entonces, ella le respondió: "Cigarra, si hubieras trabajado entonces, cuando yo me afanaba y tú me criticabas, ahora no te faltaría comida."

Asimismo, cada uno debe aprender a responder de su propia conducta.

El viajero y la diosa
Casualidad (Esopo)

Un viajero que había recorrido un largo camino y estaba rendido de fatiga se tendió al lado de un pozo y se quedó dormido. Estaba a punto de caerse dentro del pozo cuando se le acercó la diosa Casualidad, lo despertó y le dijo: "¡Cuidado, amigo mío! Si te hubieras caído, no lo habrías atribuido a tu poco juicio, sino a mí, que soy la Casualidad, y hubieras dicho que había sido un accidente."

Del mismo modo, mucha gente que es desafortunada por su propia culpa acusa a los demás de sus desgracias.

hasta 7 años

Ejercemos un cargo

Podemos pedir a nuestro hijo que ejerza ciertos cargos de duración corta y concreta dentro del hogar, como poner o quitar la mesa, ordenar el baño, recoger el correo del buzón, etc. Cuando termina el tiempo del cargo, valoramos juntos cómo lo ha hecho (¿te ha gustado?, ¿te ha sido difícil?, ¿has olvidado en algún momento tu responsabilidad?) y, con alabanzas justas, lo felicitamos.

Observación

Como en la actividad anterior, hay que tener en cuenta la edad y las posibilidades de los niños. Los mayores también deben entrar en la rotación de estos cargos dentro del hogar, y ser valorados.

hasta 12 años

Todos somos importantes

Con nuestros hijos elaboramos una lista de oficios muy diversos. El objetivo de esta actividad es que el niño comprenda que todos los oficios conllevan un grado de responsabilidad mayor del que puede parecer en un principio.
Es importante señalar, en cada caso, las consecuencias sociales, higiénicas, morales, psicológicas… de un trabajo bien o mal hecho.

¡Cuidado!

Hay que huir del tópico de que un médico, un juez… tienen una gran responsabilidad (y esto es cierto, claro), y, sin embargo el barrendero o el cartero no la tienen. Es fácil demostrar que la falta de responsabilidad en oficios como estos últimos puede tener consecuencias graves.

¿Dónde y cómo?

El orden es la disposición de las cosas en el lugar o tiempo que les corresponde según ciertas reglas establecidas. El orden pone las cosas en su sitio y en su momento.

Hay niños que parece que hayan nacido con el don del orden, mientras que hay otros en los que este don no ha existido nunca. Por eso, hay hijos que nos darán muy poco trabajo en la educación de este valor y, con otros, nuestro empeño para que asimilen este valor se verá casi frustrado. El sentimiento de frustración se acentúa si tenemos en cuenta que, en este valor, los resultados pueden ser más inmediatos que en otros.

Poner orden en las ideas

¿Qué entendemos por orden en las ideas? Pues, tener en cuenta todos los datos posibles para estar menos expuestos al error. Así, se ahorran tiempo y energías, desánimos y repeticiones inútiles en el momento de juzgar la realidad, y se consigue actuar con corrección. Del mismo modo que el orden en una librería nos hace encontrar un libro con mayor rapidez, también el orden en las ideas nos permite llegar a la verdad con un margen menor de error.

Es verdad que la inteligencia lógica se desarrolla lentamente, pero podemos ayudarla en este proceso.

Nuestros hijos pueden ir dándose cuenta de que no todo lo que ocurre después de A tiene a dicha A como su causa; que las causas preceden a los efectos, y no viceversa; que de un solo caso no podemos deducir una ley universal; que la excepción es compatible con una regla general; es más, una excepción supone que hay una regla; que de una suposición absurda podemos deducir cualquier absurdo; que una sospecha, ni cien, no da certeza; que los rumores muchas veces son falsos; que existen ilusiones ópticas… y de otras clases; que el que pretende demostrar demasiado, al final no demuestra nada; que en la vida no todo es blanco o negro, que hay escalas de grises; y, aunque parezca una paradoja, que el corazón tiene razones que la razón no comprende.

Poner orden en el tiempo

En primer lugar, debemos tener en cuenta que el horario no debe esclavizarnos: "No está hecho el hombre para el horario, sino el horario para el hombre."

La libertad de nuestros hijos para organizar el horario de su tiempo libre debe responder progresivamente a su iniciativa a medida que crezcan; los años les conferirán una mayor autonomía.

La elaboración de un horario es especialmente importante para el período de vacaciones escolares.

Normalmente nuestros hijos tienen el tiempo muy reglamentado durante el curso académico; incluso las horas que pasan en casa no ofrecen demasiado margen de ratos disponibles.

Los días de vacaciones son los que mejor se prestan a ofrecerles un excelente aprendizaje de organización horaria. Vale la pena aprovecharlos.

Por supuesto, esta distribución horaria debe incluir diversión, aficiones, lectura, trabajo adecuado y descanso. La flexibilidad debe ser consustancial a este horario, en el sentido de que deja de ser obligatorio cuando cualquier circunstancia aconseje un mejor aprovechamiento del tiempo. Y, como cualquier horario, debe ser revisable y mejorable.

No obstante, hay que recordar que "el tiempo de placer pasa muy veloz", mientras que "el tiempo de pesar transcurre muy lento". Una liebre arrastra las agujas del reloj cuando disfrutamos con los amigos; una tortuga de las más lentas las arrastra cuando estamos sentados en el sillón del dentista mientras éste nos arregla una muela.

Poner orden en el espacio

Acondicionar el espacio en el que nos encontramos es el orden más visible, más espectacular y también más controlable.

Unos hijos lo tienen todo bien colocado, mientras que otros nunca encuentran lo que buscan.

El esfuerzo de los padres es titánico para que estos últimos adquieran un mínimo sentido del orden en la distribución de sus objetos en el espacio.

No debemos ordenar sólo los adultos, ni tampoco sólo ellos, sino nosotros y ellos, juntos. Si sólo ordenamos nosotros, el hogar estará ordenado, sí; pero los pequeños no sólo no habrán aprendido este valor, sino algo peor: que "los demás siempre o la mayoría de las veces se encargan de hacerlo".

Con orden y con tiempo se encuentra el secreto de hacerlo todo, y de hacerlo bien.
PITÁGORAS, MATEMÁTICO GRIEGO

No vuelvas a hacer lo que ya está hecho.
TERENCIO, COMEDIÓGRAFO LATINO

No está en ningún lugar el que está en todas partes.
SÉNECA, FILÓSOFO LATINO

Que en vuestra casa cada cosa tenga su lugar, cada negocio su tiempo.
BENJAMIN FRANKLIN, POLÍTICO NORTEAMERICANO

No hay orden donde...

- Las cosas se hacen porque sí.
- No se sabe dar razón de nada.
- No se piden explicaciones, ni pueden darse.
- Da pereza buscar las causas. Es mucho mejor no preguntar.
- La imprevisión es constante.

- Las cosas se hacen cuando se puede.
- La puntualidad no existe ni para empezar ni para terminar.
- Da lo mismo antes que después.
- La improvisación es norma.
- Ni el reloj está a la hora.

- Las cosas no tienen su lugar.
- Nunca se halla lo que se busca.
- Los letreros no corresponden a los contenidos.
- Se empieza por el 5, se sigue por el 3, después viene el 1, se termina por el 2 y el 4 no está.

La mochila de Víctor

— Papá, ven, por favor. Mi mochila es demasiado pequeña; necesito otra mayor.

— Pero, Víctor, hijo mío, ¿cómo es posible que la mochila de tu hermano mayor te sea demasiado pequeña?

— Mira, papá, ya la tengo llena y aún me quedan fuera la mitad de las cosas que necesito para estos días de colonias de verano.

— Vamos a ver, Víctor, ¿en qué orden has empezado a llenar la mochila?

— ¿Cómo dices, papá? ¿En qué orden? ¿Hay que ponerlo por orden?

El padre de Víctor le hizo vaciar la mochila. Lo que había puesto Víctor era un revoltijo de ropa sin doblar, objetos varios de cualquier forma; quedaban huecos sin llenar, la linterna hacía de mástil interior y el saco de dormir llenaba media mochila porque ¡estaba en posición vertical!

— Ahora vamos a ponerlo de forma ordenada, Víctor.

No vamos a contar cómo lo hicieron; todos nos lo podemos imaginar, y el resultado final es que hubo sitio para todo y aún sobró algo de espacio. El saco de dormir, bien enrollado y prieto, horizontal, iba sobre la mochila, sujeto con las correas, ¡que para eso están!

— Sólo se trataba de poner orden, hijo.

A Víctor le pareció que, más que una cuestión de orden, era un milagro.

—¡Papá, eres un genio, de verdad, un genio!

La pregunta fundamental

Para poner orden en las ideas, el método más eficaz, sin que sea una fórmula mágica, es proponerles este interrogante para que adquieran el hábito de formulárselo a sí mismos: ¿Por qué? No se trata tanto de acertar en la respuesta cuanto de adquirir la costumbre de preguntarse el porqué de las decisiones. Debemos enseñarles por la vía teórica, pero sobre todo por la vía práctica, a no tener miedo a preguntarse por qué hacen lo que hacen. Y preguntárselo tantas veces como haga falta, hasta ser capaces de encontrar una respuesta coherente.

Puede ser una razón de peso que nuestro hijo nos responda "porque me gusta", siempre que tal actuación pueda admitir una razón estética como justificante. Sería tan injusto rehusar motivos afectivos en cuestiones de gustos, como pedir motivos meramente racionales para justificar elecciones estéticas.

Cinco preguntas más

Ante los proyectos que nuestros hijos se plantean, también podemos ayudarles a ordenar sus ideas si les sugerimos que intenten responder a ciertas circunstancias que rodean los acontecimientos de la vida:

¿Quién…	¿Dónde…	¿Con qué…	¿Cómo…	¿Cuándo…
…te lo ha dicho?	…lo has oído?	…lo vas a hacer?	…lo harás?	…lo empezarás?
…te lo mandó?	…lo podrás hacer?	…dinero cuentas?	…lo terminarás?	…lo terminarás?
…te ayudará?	…cabrá?	…medios?	…lo dibujarás?	…te lo dijeron?
…lo pagará?	…lo guardarás?	…responderás?	…te enteraste?	…vendrás?
…lo llevará?	…lo buscarás?	…lo adornarás?	…te lo dijo?	…lo harás?
…es?	…estabas?	…trabajan?	…andaba?	…llegó?

hasta 12 años

Organizo mi espacio

Para que nuestros hijos puedan organizar su espacio propio y personal, interesa resaltar la importancia de:

• **Espacio físico suficiente.** Aunque los espacios reducidos también se pueden (y se deben) mantener en orden, hay que reconocer que un espacio mayor facilita la distribución de objetos y la rapidez de acceder a ellos. De todas maneras, bien sabemos que esta condición no es imprescindible ni, muchas veces, asequible.

• **Utilización de archivos.** Ofrece grandes posibilidades para clasificar y guardar material, en especial de tipo escolar (hojas, fichas, ejercicios, cuadernos, resúmenes, apuntes...) o de material de ordenador (disquetes, discos compactos...). También existen sistemas sencillos de clasificar y guardar cintas de vídeo y de audio. La costumbre de utilizar estos archivadores puede reducir el desorden tópico y típico de los "dominios" infantiles y juveniles en el hogar.

• **Prendas de vestir.** Podemos pedir a nuestros hijos que rotulen las cajas o bolsas donde se guarda la ropa de temporada (trajes de baño, bufandas, calcetines de invierno, calzado de playa, viseras, gorros...) para evitar tener que abrirlas infructuosamente a la búsqueda de alguna prenda concreta, que desembocaría en el desorden consiguiente. Un dibujo divertido puede ser una excelente rotulación.

• **Habitación o rincón personal.** De vez en cuando conviene revisar el orden de su habitación o de su rincón personal; pero debemos hacerlo con ellos para que no parezca una inspección secreta para "pillarle en falta". La finalidad de nuestra revisión no es recriminar el desorden, sino ayudar a mejorar el orden, y así deben comprenderlo nuestros hijos.

Sugerencia

Será muy bueno que ciertas partes del hogar les estén encomendadas y a ellos se les pida responsabilidad acerca de su orden o desorden. Un lugar indiscutible, cuya responsabilidad les atañe, será su habitación o la parte de la habitación compartida que tienen asignada. Es su espacio privilegiado, sí; pero no su espacio exclusivo.

¿Sinceridad o veracidad?

La sinceridad es la expresión externa de lo que interiormente uno piensa o siente; la ausencia de simulación, de hipocresía. Y la veracidad es la voluntad de adecuar nuestra expresión verbal a nuestro pensamiento; la ausencia de mentira. Por lo tanto, ambas ideas se complementan: podríamos decir que la veracidad es la sinceridad en la palabra. A los humanos nos es fácil caer en la mentira, en la simulación, en la apariencia, en la falsedad.

Debemos enseñar a nuestros hijos a ser sinceros, veraces, auténticos, a pesar de las dificultades que esto conlleva.

Decir la verdad y vivir en sociedad

La sinceridad o veracidad es un valor social porque hace posible la convivencia; es más, la convivencia se asienta en la presunción de la veracidad. Si no creyéramos en la sinceridad de las personas, no sería posible la convivencia.

Por eso, mientras no se demuestre lo contrario, debemos suponer que:

• Las noticias que leemos en el periódico o vemos en la televisión son verídicas.

• El indicador de la carretera nos señala la dirección real.

• El dinero que nos dan es legal.

• La información que profesores y adultos dan a nuestros hijos es veraz.

• El título y la reseña del libro responden a su contenido.

Si nos engañan...

Cuando comprobamos que hemos sido engañados, nos duele y solemos volvernos más cautos, más precavidos, a veces incluso en demasía. Dice un refrán árabe: "La primera vez que me engañas, la culpa es tuya; pero la segunda vez, la culpa es mía".

Resulta difícil devolver la confianza a quien nos ha engañado una vez; pues, en el fondo, estamos convencidos de que volverá a hacerlo.

¡Cuidado con la sinceridad!

A menudo comprobamos en escritos y declaraciones que el valor más apreciado por muchas personas es la sinceridad. Afirmaciones tan rotundas suelen carecer de matizaciones y se prestan, por tanto, a ser grandes mentiras y grandes verdades. Habrá que tomarlas con tiento.

La sinceridad puede entenderse como la manifestación externa y sin paliativos de lo que pensamos y queremos. En este sentido, hay que reconocer que la sinceridad puede ser un obstáculo enorme para la convivencia. Las personas no podemos ser transparentes. Muy al contrario, debemos reservar aquellas ideas y aquellos sentimientos cuya exteriorización causaría un desagrado gratuito a los que nos rodean. Ni podemos decir todo lo que se nos ocurre, ni podemos hacer todo lo que queremos. El autocontrol, es decir, la capacidad de una autorrepresión sana, es necesario para vivir en comunidad. Morderse la lengua y frenar los propios impulsos forman parte de la civilización humana. Ser sincero es ser noble; no es ser desvergonzado.

Los contravalores de la sinceridad

La sinceridad no debe confundirse con la ingenuidad o la candidez. El derecho a exigir la verdad tiene sus límites y debemos tenerlos en cuenta. La verdad no es el valor supremo dentro de una escala de valores. El amor a los demás, el respeto a la vida y a la seguridad están por encima de la obligación a decir la verdad.

Por lo tanto, a nuestros hijos debemos concretarles las limitaciones del derecho a exigir la verdad y, por consiguiente, las limitaciones a la obligación de decirla.

• Cualquiera no tiene derecho a exigir la verdad. Puedo callarme o no decir la verdad, si un extraño me pregunta dónde vivo, quiénes son mis padres, o qué voy a hacer mañana por la tarde. Sin embargo, tenemos la obligación de ser veraces, si las preguntas nos las formulan familia o amigos, médico o psicólogo, profesores, etc.

• Se debe proteger siempre un bien superior. Tengo la obligación de no decir la verdad a quien me exige que le revele dónde guarda mi madre, directora del colegio, los exámenes finales; o al ladrón que me exige decirle dónde están las alarmas de mi casa.

El mentir es propio de esclavos.
APOLONIO, POETA GRIEGO

Las palabras elegantes no son sinceras; las palabras sinceras no son elegantes.
LAO-TSÊ, FILÓSOFO CHINO

Platón es amigo mío, pero la verdad lo es más.
ERASMO DE ROTTERDAM, HUMANISTA NEERLANDÉS

La verdad está en camino y nada la detendrá.
EMILE ZOLA, ESCRITOR FRANCÉS

No existen verdades a medias.
GEORGES BERNANOS, ESCRITOR FRANCÉS

El vestido nuevo del emperador

(Hans C. Andersen)

En un lejano país, vivió hace muchos años un emperador que sólo pensaba en estrenar vestidos.

Se cambiaba de ropa a todas horas y tenía un modelo para cada ocasión. Los sastres de la ciudad se turnaban día y noche para coser diferentes modelos. A diario visitaban el palacio comerciantes de todo el mundo para ofrecerle sus servicios. Un día, dos granujas fueron recibidos por el emperador, porque hicieron correr la noticia de que poseían un tejido tan fino y extraordinario, que sólo lo podían ver quienes eran dignos del cargo que ocupaban, y era invisible para los estúpidos e ineptos.

El emperador quedó maravillado del hallazgo, pues pensó que así desenmascararía a los necios de su reino y a los indignos de ocupar puestos importantes. Quiso que le confeccionaran un traje con esa maravillosa tela.

Los falsos tejedores pidieron anticipos en oro para comprar hilos y telares varias veces. El emperador se impacientaba, todo el reino conocía la noticia y estaban ansiosos como él de ver la obra acabada.

Un día el emperador envió a su primer ministro, un hombre que gozaba de la completa confianza del emperador, a ver cómo iba el traje. No vio nada, pero se abstuvo de dar esta información al emperador para que no creyera que era necio e incapaz de ocupar su cargo.

Días más tarde, el emperador se presentó en el taller de los tejedores y sastres. Cuando le enseñaban los pantalones, la camisa, la casaca, el chaleco… él no veía nada. Pero pensó: quizás soy indigno de dirigir el pueblo que se me ha encomendado. Por eso se calló, se miró en el espejo, caminó con gran porte como si fuera vestido con el mejor de los trajes, y premió de nuevo a los sastres.

El día elegido para el estreno de la maravillosa vestimenta fue el del aniversario de su subida al trono. Y así fue; la víspera del desfile y de la fiesta, hicieron creer al emperador que habían trabajado toda la noche: fingían sacar telas, enhebrar agujas sin hilo… y al amanecer anunciaron:

– El traje está a la disposición de Su Majestad.

Cuando el emperador entró en los talleres, los dos truhanes gesticulaban con las manos y hablaban sin parar de las virtudes de la vestimenta:

– ¿Habéis visto tela más fina y preciosa en unos pantalones?

¿Y esta casaca, Majestad, cargada de oro y piedras preciosas, pero ligera como una pluma?… Cuando os hayáis vestido – añadió uno de ellos – os sentiréis como si no llevaseis nada puesto.

– ¡Ayudaremos a vestirse a su Majestad! – dijeron a coro.

Desnudaron al emperador y fueron vistiéndolo con el traje que nadie veía. Iniciado el desfile, el emperador y sus chambelanes, que hacían como si llevaran la cola de una larga capa, pretendían que el pueblo no sospechara que eran unos farsantes. Pero también el pueblo, temeroso, gritaba:

– ¡Qué traje tan hermoso viste nuestro Emperador! ¡Qué bien le sienta!

Pero, de pronto, entre la multitud, se oyó un grito y unas fuertes risotadas:

– ¡Si no lleva nada puesto! ¡Va desnudo! ¡El Emperador, va desnudo!, ja, ja, ja… – gritaba un niño.

La criatura no paraba de gritar, y todos los ciudadanos se contagiaron y, sin miedo repitieron a gritos las palabras del niño.

El emperador se sintió engañado por los dos truhanes, pero no cambió el paso, ni se inmutó, siguió muy digno el desfile mientras iba pensando la forma de escarmentar a todos los que habían seguido la farsa.

La verdad es la verdad

hasta **7** años

Reflexiones ocasionales sobre hechos acaecidos en casa, en la escuela o simplemente conocidos que permitan hacer alguna referencia sobre la sinceridad, la veracidad, la mentira, la custodia de secretos… Debe ser una reflexión breve, oportuna; una alusión a la repercusión social de la verdad y la mentira siempre será útil.

Reflexiones

- Si Julio dice muchas mentiras, no le podremos creer; nunca sabremos si dice la verdad.
- Imaginemos que el guardia nos dice que podemos cruzar la calle y no es verdad.
- Con las personas que dicen mentiras nunca podemos estar tranquilos; como no sabemos cuándo las dicen, siempre es posible que nos estén engañando.
- Decir a alguien que es un mentiroso es uno de los insultos más graves.
- El que te cuente un secreto es que no sabe guardarlos; no le cuentes ninguno.

hasta **12** años

¿Por qué mentimos?

Podemos elaborar, de palabra o por escrito, una lista de ocasiones en las que se suele mentir, y después clasificarlas según la finalidad o el provecho que se pretende sacar de ellas.

Propuesta

Una posible clasificación sería:

- Por comodidad. (El pelmazo de siempre. Dile que no estoy.)
- Por vanidad. (¡Pues yo pesqué una trucha así de grande!)
- Por cobardía. (¡Le aseguro que yo no fui!)
- Por envidia. (¡Mi padre se lo comprará más potente!)
- Por interés. (¡Cómpramelo! Es el más barato del mercado.)

confianza

¿Qué solemos entender por confianza?

Cuando nos referimos a la confianza en las personas, entendemos algo así como "la tranquilidad ante alguien de quien espero que se porte bien". Dicho con otras palabras, "la seguridad que me da el carácter, la capacidad, la buena fe, la discreción… de alguien", entendiendo que esa persona puedo ser "yo mismo". Así tenemos esbozadas las dos vertientes de la confianza: la confianza en uno mismo y la confianza en los demás. Los padres tenemos que favorecer ambos aspectos en nuestros hijos, ya que difícilmente podrán tener confianza en los demás si no tienen la suficiente en sí mismos.

¿Por qué es importante que tengamos confianza?

La persona que confía en sí misma y en los demás:

• Está más tranquila.

• Se relaciona mejor con los otros.

• Le gusta el trabajo en equipo.

• Es capaz de emprender tareas arduas.

• Considera que los fracasos son superables y aleccionadores.

Quienes tienen una autoestima muy baja tienden a protegerse levantando barreras defensivas: son aquellos que están siempre de mal humor, o que se inculpan aunque no haya razón para hacerlo, o que tienen un afán desmesurado de perfeccionismo y siempre están poniendo excusas.

¿Cómo y cuándo educaremos en la confianza?

La respuesta básica a la manera de educar en este valor es sencilla: debemos mostrar confianza en nuestros hijos. Ésta es la regla de oro, aunque tiene una condición previa: debemos tener primero confianza en nosotros mismos y en los demás. Y sobre el cuándo, la respuesta es: desde la infancia más temprana; la confianza es un valor que se puede transmitir desde la cuna.

Un ambiente de confianza en casa

• Donde haya más alegría que caras largas.

• Donde se pueda hablar de todo.

• Donde se escuche, respete y valore la opinión de cualquiera.

• Donde las razones sean los instrumentos básicos de imposición.

• Donde no haya dogmatismos.

• Donde jamás se diga: "¡cállate, tú!"

• Donde todos puedan expresar opiniones, sin descalificaciones.

• Donde todos puedan expresar y satisfacer sus gustos personales.

• Donde se reconozcan, valoren y alaben los pequeños éxitos y buenas intenciones de cada uno.

• Donde se juzguen los hechos, no a las personas.

• Donde se empiece reconociendo los méritos y, si es necesario, después se corrija lo que haga falta.

• Donde nunca se suponga mala intención en nadie.

Para que los hijos adquieran confianza en sí mismos

Sentirse seguros
- Distinguir entre lo bueno y lo malo para ellos.
- Tener pautas razonables que les sirvan de guía.
- Conocer el marco de conducta al que atenerse.
- Ofrecerles unos criterios de actuación comunes a padre y madre.
- Reforzar hábitos practicados y valorados en familia.
- Dar sentido positivo a lo que les ocurre en la vida.

Sentirse capaces
- Proponerles objetivos adecuados.
- Resaltar y recrearse en los éxitos de sus experiencias.
- Intentar que se den cuenta de que los mayores tampoco alcanzamos siempre nuestros objetivos.
- Ayudarles a plantearse objetivos.
- Elaborar estrategias para conseguirlos.
- No desanimarse ante los fracasos y buscarles solución.

Sentirse importantes
- Creer que pueden conseguir lo que planean.
- Disponer de lo que necesitan para llegar a ello.
- Saber tomar decisiones (¡y dejar que las tomen!).
- Saber solucionar problemas.
- Reconocer y comportarse cuando están angustiados.
- Saber diferir las gratificaciones y gustos.

Sentirse únicos
- Saber que pueden hacer cosas que otros no hacen.
- Captar que los demás los consideran especiales.
- Ser capaces de expresarse como son.
- Disfrutar de que todo el mundo sea diferente.
- Tener unas habilidades reconocidas como especiales.
- Tener unas aficiones singulares.

Sentirse acompañados
- Sentirse amados por lo que son.
- Comprobar que se les dedica tiempo y compartirlo intensamente.
- Relacionarse con otras personas de su edad.
- Identificarse con grupos concretos.
- Seguir de buen grado unas normas grupales.
- Estar orgullosos de su pertenencia al grupo.

¿Por qué es importante que tengamos confianza?

Lo que no debemos decir ni pensar

- Puedes probarlo, pero te advierto que no lo vas a lograr.

- Eres un desastre, nunca haces nada bien, Juanito.

- Te saldrá mal, como siempre.

- Ni lo intentes; lo estropearás, seguro.

- En ti no se puede confiar.

- No vales para nada, hija.

- Ya sabía yo que ibas a fracasar; no mejorarás jamás.

- ¿Cómo pude confiar en ti?

- ¿Cuándo voy a escarmentar?

- ¡Qué mala pata tienes, hijo!

Tampoco comentemos, ni en broma…

- No te fíes nunca de nadie; sólo quieren engañarte.

- Piensa mal y acertarás.

- Cuídate, que los demás no te cuidarán.

- De la gente, sólo puedes esperar traiciones.

- Engaña antes de que los demás te engañen.

- No te fíes… ni de tu padre.

- Todo el mundo es mentiroso.

El ciervo en la fuente (Esopo)

Un ciervo sediento se acercó a una fuente y, después de haber bebido, contempló su bella imagen reflejada en el agua. Estaba satisfecho de sus cuernos porque eran enormes y de variadas formas, pero estaba descontento con sus patas, que eran larguiruchas y delgadas. Mientras se contemplaba, se presentó un león y empezó a perseguirlo. El ciervo huyó corriendo y le tomó mucha ventaja. Mientras la llanura estaba desierta, corría más que el león y se salvaba; mas al entrar en el bosque los cuernos se le enredaron en las ramas y, como ya no pudo correr, el león lo alcanzó. Y se decía: "¡Pobre de mí! Yo que creía que no podía confiar en mis patas, y eran ellas las que me salvaban; los cuernos, en cambio, son los que me han perdido, tanto que confiaba en ellos."

A menudo, en los peligros, los amigos en quienes no confiábamos son los que nos salvan.

El cuidador de abejas (Esopo)

Un hombre entró en casa de un campesino cuando éste no estaba y le robó la miel de su panal. El campesino, al volver a su casa, vio que las colmenas estaban vacías y se puso a examinarlas con cuidado. Llegaron las abejas, le sorprendieron y, atacándolo con el aguijón, le causaron mucho daño. El agricultor les dijo: "Animales miserables, habéis dejado escapar al que os ha robado la miel y me aguijoneáis a mí, que me preocupo por vosotras."

Hay personas que por ignorancia no se fían de los amigos, creyendo que les quieren mal.

hasta 7 años

Soy importante

Podemos confeccionar con nuestros hijos una lista de cosas que saben hacer. En primer lugar dejaremos que digan cuantas se les ocurran. Después se las propondremos nosotros mismos. Entre las propuestas habrá muchas que sepan hacer y otras todavía no.

Ejemplos:

1. Sé nadar.
2. Sé contar chistes.
3. Sé manejar un ordenador (computador).
4. Sé montar en bicicleta.
5. Sé cuidar las plantas.
6. Sé barrer.
7. Sé hacer un rompecabezas.
8. Sé atarme los cordones de los zapatos.
9. Sé escribir mi nombre.

Intención

Se trata de que los hijos comprueben que saben hacer muchas cosas. También comprobarán que otras muchas aún no las saben hacer, pero con el tiempo sí las podrán llevar a cabo. En la lista encontramos algunos ejemplos.

hasta 12 años

Mi currículum

Junto con nuestros hijos confeccionemos su currículum. A esta edad ya pueden tener un currículum donde, además de los datos personales, consten todos sus méritos (estudios que han realizado [cuáles y dónde], algún diploma que han merecido, cursillos que han realizado, países o lugares importantes que han visitado, concursos en los que han participado, aficiones notables que desarrollan, museos y exposiciones que han visitado, deportes que practican, algún trofeo o premio que hayan ganado, habilidades especiales…).

Sugerencias

Recordemos que habrá que actualizar periódicamente este currículum (p. ej., al terminar cada curso) y por supuesto cuando algo interesante deba consignarse en él.

Si lo confeccionamos con el ordenador, no olvidemos sacar una copia actualizada que nuestro hijo pueda tener siempre a mano.

Y el diálogo, ¿qué es?

Dicho muy llanamente, el diálogo es una conversación entre dos o más personas; pero, si lo consideramos como valor para la convivencia, debemos precisar más su definición. Así, el diálogo es:

• Donde intercambiamos ideas.

• Donde escuchamos las razones del otro.

• Donde damos por supuesto que no poseemos toda la verdad.

• Donde damos por supuesto que no todos pensamos lo mismo.

• Donde estamos dispuestos a cambiar de opinión.

¿Cómo y por qué generar diálogo

Condiciones para que haya diálogo

- Que tengamos algo que decir.
- Que queramos compartirlo con otra persona.
- Que deseemos escuchar.
- Que deseemos acercarnos a la verdad.
- Que estemos dispuestos a descubrir nuestros errores.
- Que seamos capaces de volver a empezar.
- Que admitamos que nuestros hijos pueden tener razón.
- Que reconozcamos que nuestros hijos pueden ser tan inteligentes como nosotros.
- Que no confundamos la autoridad con la verdad.
- Que no creamos que reconocer los errores es una debilidad.
- Que, a pesar de todo, sigamos creyendo que "hablando se entiende la gente".

¿Adónde nos llevará el diálogo?

Ciertamente:
A saber más y mejor.
A mejorar nuestro sentido crítico.
A comprendernos y
a comprender a los demás.
A ser mejores.

Seguramente:
A acuerdos prácticos.
A la elaboración conjunta de normas y proyectos.
A mejorar la relación dentro del grupo.
A obtener mejores resultados en el trabajo común.
A evitar muchos malentendidos y conflictos.
A resolver los conflictos surgidos.

Además...

Para intercambiar opiniones e intentar llegar a posibles acuerdos hace falta:

- Respeto hacia las opiniones de los demás y hacia su derecho a emitirlas, y a actuar en libertad. Respeto también hacia la persona que tiene autoridad dentro del grupo.

- Libertad para exponer nuestros puntos de vista al grupo sin intentar imponerlos, sino convencer.

- Sinceridad para expresar sentimientos de agrado o de desagrado hacia las actitudes del grupo, haciendo una crítica constructiva.

- Valentía para manifestar noblemente el desacuerdo personal con las ideas de los demás y aceptar las consecuencias de esta postura.

El diálogo y la autoridad de los padres

La decisión de los padres en temas de su responsabilidad no está reñida con el diálogo sincero con los hijos. De hecho, el diálogo debe aclarar de quién es la responsabilidad última de las decisiones en casa (no siempre y únicamente corresponde a los padres). Debemos dar a entender a los menores de edad que la autoridad de los padres en la toma de decisiones es para proteger su inexperiencia, no para molestarlos; para garantizar su libertad, no para recortársela.

Los padres, aun en los casos en los que debamos tomar una decisión ingrata, debemos explicar nuestras razones. La autoridad moral se impone:

- Por el ejemplo.

- Por el prestigio.

- Por la razón.

- Por la comprensión.

- Por el amor.

Con orden y con tiempo se encuentra el secreto de hacerlo todo, y de hacerlo bien.
PITÁGORAS, MATEMÁTICO GRIEGO

No vuelvas a hacer lo que ya está hecho.
TERENCIO, COMEDIÓGRAFO LATINO

No está en ningún lugar el que está en todas partes.
SÉNECA, FILÓSOFO LATINO

Que en vuestra casa cada cosa tenga su lugar, cada negocio su tiempo.
BENJAMIN FRANKLIN, POLÍTICO NORTEAMERICANO

Los contravalores del diálogo

En un extremo, puede haber falta de diálogo por timidez, por inhibición, por falta de interés...; y, en el otro extremo, puede darse también exceso de diálogo por charlatanería, por "hablar por hablar"...

Se malogra el diálogo si alguna de las personas participantes adopta una actitud de:

• **Insolencia.** Quien ofende por su manera de hablar, que ataca a las personas en vez de discutir las ideas, que desprecia en vez de valorar, que resta en lugar de sumar.

• **Coacción.** Quien se siente obligado, contra su voluntad, a decir, admitir o hacer algo; simplemente por imposición ajena.

• **Desconfianza.** Quien teme que, al expresar una opinión en grupo, se haga un mal uso de ella, o se deforme en perjuicio propio.

• **Hipocresía.** Quien se ve obligado a simular la aceptación o el rechazo de una idea por miedo a la discrepancia con el grupo y, como consecuencia, su posible descalificación o marginación.

Las personas tenemos que adquirir unas mínimas cualidades dialogantes; en caso contrario, es posible que tengamos un diálogo, pero un "diálogo de sordos":

• Uno habla y el otro también, ¡pero a la vez!

• Uno habla y el otro no escucha.

• Uno habla y al otro le da igual lo que oiga (por lo tanto no escucha).

• Uno habla y el otro está pensando solamente lo que va a decir después.

• Uno habla y el otro piensa: No me harás cambiar; ya puedes decir, ya.

• Uno habla y el otro no.

• Uno habla y el otro sólo piensa: ¡Qué equivocado está, el pobre!

• Uno habla y el otro sólo piensa: ¿Cómo voy a llevarle la contraria?

• Uno habla y el otro piensa: ¿Terminas de una vez?

En la vida no todo es diálogo
• Hay momentos de aprender en silencio. • Hay momentos de "dialogar" con uno mismo. • Hay momentos de obedecer. • Hay momentos de protestar. • Hay momentos de discrepar en conciencia.	• Hay momentos de aceptar la evidencia y morderse la lengua sin odio. • Hay momentos de oponerse frontalmente a la injusticia. • Hay momentos en los que la mejor defensa es la huida; y el silencio la mejor respuesta.

Pero...

Aún en estos casos la actitud debe estar abierta al diálogo porque su falta siempre irá en nuestra contra. Precisamente por ello, debemos estar siempre dispuestos a intercambiar razonablemente nuestras ideas para cuando la ocasión lo permita, y buscar en todo momento una solución posible a través de una conducta dialogante.

Si todos cedemos en algún momento, todos ganamos.

Para bien y para mal...

Para enseñar a dialogar hay que decir...	**Para enseñar a no dialogar hay que decir...**
• ¡Habla, habla!	• ¡Cállate, cállate!
• Te escucho (y… escuchar).	• ¡Escúchame! (y... no dejar hablar).
• En casa no hay temas prohibidos (y... practicarlo).	• De esto en casa no se habla (y... practicarlo).
• Yo creo que…	• Esto es así, y ¡punto!
• Es mi punto de vista, ¿qué te parece?	• Ésta es la verdad. No se discuta más.
• Hace mucho tiempo que se hace así, pero podemos cambiar.	• Siempre se ha hecho así y no vamos a cambiar ahora.
• Vamos a discutirlo con razones.	• Esto ni se discute; es así y basta.
• Es posible que me convenzas.	• Siempre he pensado así, siempre.
• Vamos a pensarlo entre todos.	• Ya lo he pensado yo, ¿de acuerdo?
• En esto tienes razón.	• ¿Qué sabrás tú de esto?
• Y… creer lo que decimos.	• Y… creer lo que decimos

La autoridad razonable

(Antoine de Saint-Exupéry)

El rey quería esencialmente que su autoridad fuera respetada. No toleraba la desobediencia en modo alguno. Era un monarca absoluto.

Pero, como era muy bueno, daba órdenes razonables: "Si yo mandara – decía a menudo – si yo mandara a un general convertirse en ave marina, y el general no obedeciera, la culpa no sería del general; sería mía."

"Hay que exigir a cada uno lo que puede dar. La autoridad descansa ante todo sobre la razón. Si mandas a tu pueblo echarse al mar, causarás una revuelta. Yo tengo el derecho de exigir obediencia porque mis órdenes son razonables. Yo lo exigiré. Pero en mi ciencia de gobierno esperaré hasta que las condiciones sean favorables."

hasta
7
años

Dialoguemos con gestos

Con los pequeños podemos poner a prueba su imaginación si organizamos algunas sesiones de diálogos sin palabras, es decir, con gestos. Puede ser un juego divertido si toman parte en él todos los miembros de la familia.

Constataremos que podemos comunicarnos eficazmente incluso sin usar palabras. Puesto que no es la forma habitual de hablar, tendremos que poner en juego más creatividad por ambas partes y mucha mayor atención.

Sugerencias

Cabe dar mucha variedad a estos diálogos mudos. Por ejemplo, expresar un deseo o una orden que otro debe llevar a cabo; expresar el título de una película conocida, de un programa de televisión, de un cuento popular; de una canción; describir un oficio, un instrumentista musical, un personaje popular; un suceso reciente… Por supuesto, los demás deberán adivinar los mensajes silenciosos.

La frase misteriosa

Se trata de proponer expresiones relativamente simples, por ejemplo: ¡Buenas tardes!, ¡Hasta luego!, ¡Por supuesto!, ¿No me conoce?, ¿Sabe quién soy yo?, Ahora, cierra la puerta, ¿No lo sabía?, Me acuerdo de ti, ¿Qué sucederá?, Ya he terminado, Ya lo sabía, Muchas gracias…
Los demás deben interpretar el sentido que, según el tono y modulaciones de la voz, quiere darle quien la emite. Veremos que podemos darle una variedad enorme de matices.
Una cierta práctica aumentará notablemente las posibilidades.
Finalidad: Descubrir que una pequeña parte de la información nos viene por las palabras, una parte muy importante la transmitimos por la modulación de la voz, y la mayor parte por el gesto.

Sugerencia

A fin de dar mayor interés a esta actividad, podemos prescindir del gesto o incluirlo. Hay que tener en cuenta que sin gesticulación los matices son mucho más difíciles de expresar. Esta modalidad constituirá un reto motivador.

Completemos un cómic

A partir de la fotocopia de una página de un cómic en la que habremos borrado la mitad de los diálogos de las viñetas, invitamos a nuestros hijos a completarlos. Les pedimos que nos expliquen lo que han puesto y por qué, y nosotros haremos lo mismo. Comprobaremos que hay muchísimas variaciones posibles, y que todas ellas son correctas, siempre que sigan una cierta lógica y hagan coherente la historieta.

¡Muy importante!

Compararemos esta gama de posibilidades "correctas" con la respuesta única "correcta" de una operación aritmética. Así, le haremos ver la diferencia entre la verdad científica, matemática, y las cuestiones discutibles, porque se trata de valoraciones donde es muy difícil comprobar dónde está la "verdad", dado que los puntos de vista personales ejercen un papel determinante.

tolerancia

Tolerar es soportar... y mucho más

Cuando nos referimos a tolerar, podemos entender esta palabra en sentido "pobre" y en sentido "rico":

• En sentido "pobre" (escaso, mínimo, precario, débil), damos a tolerar el significado de soportar; tener paciencia ante los errores y fallos de los demás; no agredir al que piensa distinto de nosotros… ¡Ojalá todo el mundo tuviera, por lo menos, esta tolerancia!

• En sentido "rico" (pleno, profundo, hondo, fuerte), damos a tolerar el significado de reconocer el pluralismo; respetar la diversidad; compartir con los demás las diferencias como algo positivo, beneficioso, enriquecedor…

Tolerancia insuficiente, tolerancia e intolerancia

Es realmente tolerante...	Es tolerante pero poco...	Es realmente intolerante...
• El que intenta comprender a los que, a su juicio, se equivocan.	• El que perdona y disimula los errores de los demás.	• El que cree que siempre tiene razón y que los demás se equivocan.
• El que se acerca a los que piensan distinto de él.	• El que no ataca a los que piensan distinto de él.	• El que se aleja de los que piensan distinto.
• El que cree que todo el mundo tiene virtudes y defectos.	• El que cree que forma parte de la porción sana de la sociedad.	• El que profesa que hay razas o culturas superiores a otras.
• El que piensa: por suerte todos somos como somos.	• El que piensa: bastante pena tienen de ser como son.	• El que quiere que todo el mundo piense igual (igual que él, claro).
• El que dice: ¡qué malas somos las personas!	• El que dice: ¡qué mala es la gente!	• El que dice: ¡el único bueno soy yo!
• El que está convencido de que en la variedad está el gusto.	• El que añora tiempos y costumbres de mayor uniformidad.	• El que dice que hay excesivas formas de pensar distintas.
• El que busca la verdad en los demás.	• El que enseña la verdad a los demás.	• El que cree que la libertad es un mal.
• El que gusta de preguntar.	• El que gusta de responder.	• El que no quiere escuchar.

Todo el mundo encuentra bello lo que es suyo.

CICERÓN, FILÓSOFO ROMANO

La tolerancia es el respeto de la diversidad a través de nuestra humanidad común.

BOUTROS BOUTROS-GHALI, SEXTO SECRETARIO GENERAL DE LAS NACIONES UNIDAS, ONU

Desde hoy, en la conciencia y el comportamiento de todos nosotros, la tolerancia ha de entenderse en su sentido fuerte: no se trata sólo de la aceptación del otro en su diferencia, sino de la orientación hacia el otro para conocerlo mejor y para que cada uno se conozca mejor a través del otro, para compartir con él, para ofrecerle el gesto de la fraternidad y de la compasión, porque los valores universales, que nos pertenecen a todos, se enriquezcan con la especificidad preciosa de cada cultura y de cada lengua, y con la irreemplazable creatividad de cada persona.

FEDERICO MAYOR ZARAGOZA, POLÍTICO ESPAÑOL Y EX DIRECTOR GENERAL DE LA UNESCO

Los Siete Caballeros de Colores

Érase una vez, hace ya muchos años, que en el Reino de los Colores había Siete Caballeros: el Rojo, el Anaranjado, el Amarillo, el Verde, el Azul, el Añil y el Violeta. Todos eran valientes y osados, y estaban muy orgullosos de su color.

El Caballero Rojo decía muy satisfecho:

– Mi color es el más bonito. Mirad el fuego, las cerezas y las fresas, y aquellas rosas rojas que parecen una llama viva. La vida es roja como unos labios para besar.

El Caballero Anaranjado le replicaba siempre:

– Sí, pero el rojo es el color de la sangre, de la guerra. Sin embargo, el mío es el color de las naranjas y las mandarinas, y de las nubes cuando se pone el sol y el aire todavía es tibio. Es un color suave, e incluso parece que huela bien.

Enseguida se entrometía el Caballero Amarillo:

– ¡Qué falsedad! Yo sí soy hermoso: mirad el sol, el oro, los limones, la miel y muchas de las flores del campo. Hasta las hojas de los árboles, en otoño, se vuelven amarillas, como si tuvieran envidia de las flores.

Entonces, el Caballero Verde rompía a reír:

– ¡Vamos, vamos! Las hojas, en otoño, amarillean porque están a punto de morir. Cuando las plantas y los árboles están fuertes y jóvenes, sus hojas son verdes. Mirad los montes, las praderas y los bosques. El mundo es verde cuando está vivo.

Pero el Caballero Azul gritaba:

– ¿Qué disparate acabo de oír? Si de algún color es el mundo, ése es el azul. Mirad el mar inmenso, y los lagos y los ríos. Y el cielo: una inmensa bóveda azul, un espacio infinito de color azul. Azul marino para el agua y azul celeste para el cielo.

El Caballero Añil, callado hasta entonces, decía con talante presumido:
– Pero, ¿de qué color son las montañas cuando las miramos en la lejanía a media tarde, cuando el sol les da de soslayo? Son de color añil; como el vino y la uva madura. Y como las ciruelas, las moras y los higos, más dulces que la miel. El color añil es serio, solemne, magnífico.
Para terminar, decía el Caballero Violeta:

– A ver, ¿cuál es la flor más perfumada y más delicada del bosque? Naturalmente, la violeta. Y, ¿el color de muchas piedras preciosas del corazón de la tierra? El violeta es un color lleno de sentimiento, de emoción; es el cielo en el crepúsculo, el sonido de terciopelo que producen los violines. Sólo el nombre de violeta ya es pura poesía.

Y cada uno de ellos se pasaba horas ante el espejo contemplando los reflejos de su color; porque todos se creían el mejor y sólo veían defectos en los demás.

Un día, el Rey Blanco y Negro, que era el señor de los Siete Caballeros, acompañado de la Reina Rosa, los llamó y les dijo:

– Amados y valientes Caballeros de Colores, empiezo a estar un poco harto de vuestras peleas y de vuestras vanidades. Yo, el Rey Blanco y Negro, os mando y ordeno que en adelante vayáis siempre juntos y no discutáis por vuestras diferencias. Es verdad que somos diferentes, pero... ¡qué aburrimiento si todo fuera igual!

Y, continuó:

– Mirad: pronto se casará mi hija, la Princesa Rosa-Blanca, y quiero decorar la portada de mi palacio con el adorno más bello que nadie haya visto jamás. Os lo dejo en vuestras manos, Caballeros de Colores.

Cada caballero empezó a pensar cómo contentar al rey y sólo se les ocurría adornar el palacio con un gran arco de su color. En la víspera de la boda, se reunieron y, cuando cada uno expuso su idea, empezó la misma discusión de siempre. Entonces, el Rey Blanco y Negro salió de su habitación y dijo a sus criados:

– Atrapad a esos caballeros vanidosos y mandadlos donde no pueda volver a verlos nunca jamás.

Obedeciendo las órdenes del Rey, los criados atraparon a los Siete Caballeros de Colores, los ataron entre ellos y los mandaron más allá de las nubes.

¡Oh, maravilla! Lo que ocurrió entonces fue algo que nadie podía imaginar. Allí, más allá de las nubes, formaron el arco más bonito y esplendoroso que nadie había visto jamás: el arco iris. Todos los Caballeros, cada uno con su color, pero junto a los demás. Del país entero, los ojos embelesados de todo el mundo miraban hacia el cielo:

– ¡Oh, qué arco de colores! ¡Qué colores tan diferentes, y qué hermosos todos juntos! Parece, a la vez, una llama ardiente, una cesta de naranjas, un rayo de sol, un retazo de bosque, un sorbo de mar, una canasta de uva madura y el cielo en el crepúsculo; todo a la vez. ¡Es fantástico!

Fábulas y cuentos

Aprovechar la narración de fábulas y cuentos, como la de Los Siete Caballeros de Colores, para conversar con los hijos y sacar todo el jugo de tales narraciones (con nuestra ayuda, claro).

En este caso, podemos proponer los siguientes puntos de partida para aprovechar al máximo el relato:

• ¿Qué ocurre en esta historia?
• ¿Qué cosas rojas nombraba el Caballero Rojo?
• ¿Y azules, el Azul?…
• ¿Cómo criticaban a los demás Caballeros?

• ¿Qué defectos les encontraban?
• ¿Por qué discutían entre ellos?
• ¿En qué tenían razón? ¿Y en qué no la tenían?
• ¿Cuál fue la solución para sus peleas continuas?
• ¿Nos ocurre como a los Caballeros? ¿Cuándo?
• ¿En qué somos diferentes las personas?
• ¿Alguna vez nos hemos peleado por diferencias?
• ¿Las diferencias son buenas o malas?
• ¿Cómo conseguiremos que sean buenas?

A mi me gusta, a ti te gusta

Fase individual. Cada miembro de la familia escribe tres cosas que le gusta hacer y tres que no le gustan.

Fase familiar. Se intenta hacer lo mismo todos juntos.

Fase final. Se comentan las dificultades que se han encontrado para conseguir ponernos todos de acuerdo.

La primera finalidad de esta actividad

consiste en comprobar que todos somos distintos, incluso en pequeños detalles de gustos; nos gustan cosas diversas.

La segunda es convencernos de la dificultad de conjuntar estos gustos distintos.

Y la tercera es comprobar que con esfuerzo podemos ponernos de acuerdo en algunas.

Iguales y distintos

Cada miembro de la familia piensa en tres personas que conoce y que le caen realmente bien.

A continuación, trata de buscar tres semejanzas y tres diferencias entre él y cada una de esas personas.

Hay que reflexionar sobre ello, ver cómo nos las arreglamos para encontrarnos a gusto a pesar de las diferencias, y observar que tales diferencias pueden ser complementarias y provechosas para ambos.

Sugerencia

Puede añadirse una fase intermedia en la que cada uno busque semejanzas y diferencias de las tres personas entre sí.

creatividad

¿Qué es la creatividad?

La creatividad es la capacidad de:

• Producir una cosa nueva.

• Lograr resultados mentales de cualquier clase, esencialmente nuevos.

• Sorprender a los demás con lo imprevisto, lo inesperado, lo imprevisible.

• Obtener nuevos productos con elementos que otros han desechado.

• No darse nunca por satisfecho con lo que ya han dicho o hecho los demás.

Todos somos creativos

Aunque es cierto que existen personas dotadas de una gran creatividad, en mayor o menor grado todos somos creativos. Por eso, los educadores debemos aprovechar y desarrollar la capacidad natural de creación que tienen los niños.

Si les enseñamos a cultivar este valor, les estamos dando una herramienta de gran importancia para el presente y para el futuro. La creatividad proporciona una mayor flexibilidad ante los problemas cotidianos, un estímulo hacia la actividad y una motivación eficaz para combatir el aburrimiento.

Las personas muy creativas presentan unos rasgos psicológicos que debemos tener en cuenta:

- Les gusta la complejidad; su misma forma de ser es más rebuscada.

- Son más independientes en su juicio.

- Tienen una actitud crítica más aguda.

- Son más dominantes; su iniciativa los suele situar por delante de los demás.

- Suelen ser más narcisistas; ellos mismos aprecian sus cualidades.

- Les apasiona repensar conceptos y objetos: "¿y si…?", "¿por qué no…?"

- Tienen iniciativa.

- Poseen capacidad de concentración y, a veces, esto les confiere un aire de "sabio distraído".

La creatividad es no aburrirse

Los inventores no están nunca aburridos ni ociosos; la inquietud para hallar nuevas formas artísticas, soluciones técnicas innovadoras, respuestas prácticas a problemas nuevos… los mantienen en una actividad mental y física constante. La creatividad es lo opuesto a la monotonía, y ayuda a mantener siempre el espíritu en tensión tanto en las personas mayores como en los niños y adolescentes.

Quienes poseen capacidad creativa, nunca se aburren, siempre tienen entre manos algo que hacer: proyectos, ideas, experimentos, inventos… lo que sea; todo menos holgazanear tediosamente.

Creativo o anticreativo

En el siguiente cuadro, se resumen los valores que acompañan a la creatividad:

Imaginación				Curiosidad
Iniciativa				Autoestima
	CREATIVIDAD			
Originalidad				Independencia
Crítica				Concentración

Pero, ¡mucho cuidado! Ciertas actitudes de los educadores pueden malograr el valor de la creatividad:

- **El conformismo.** Lleva a hacer las cosas como se tiene costumbre de hacerlas, sin dar opción al vuelo de la imaginación para salirse de los caminos trillados.

- **El autoritarismo.** Recorta la libertad para desarrollar la creatividad y anula la espontaneidad inherente a este valor.

- **El valor de los resultados inmediatos.** Hace imposible el ensayo, ya que éste no siempre consigue el éxito en los primeros intentos.

- **El racionalismo excluyente.** No admite lo que no está comprobado por la ciencia o por la experiencia.

Conformismo rutinario				Autoritarismo inflexible
	ANTICREATIVIDAD			
Inmediatez de resultados				Racionalismo excluyente

La suerte ayuda a los que se atreven, el perezoso se estorba él mismo.
SÉNECA, FILÓSOFO LATINO

Intentar no daña; lo que daña es lo que no se ha intentado.
AFORISMO MEDIEVAL

La libertad es un sistema basado en el coraje.
CHARLES PÉGUY, ESCRITOR FRANCÉS

El aburrimiento nació un día de la uniformidad.
ANTOINE HOUDAR DE LA MOTTE, ESCRITOR FRANCÉS

La libertad no se encuentra en el hecho de escoger entre blanco y negro, sino en evadirse a esta elección prescrita.
THEODOR W. ADORNO, FILÓSOFO ALEMÁN

¡Vamos a romper moldes!

– ¡Ana, José, vamos a jugar a una cosa muy divertida!

– ¿A qué, papá? Tus juegos siempre son divertidos; tienes mucha imaginación.

– A ver quién sabe unir con cuatro rectas, hechas sin levantar el lápiz y sin repasar la línea, las nueve X que he señalado en este papel.

José y Ana estuvieron largo rato trazando líneas inútilmente; no podían solucionar el problema. Su padre sonreía y los animaba a hallar la solución.

– Esto es imposible, papá. No será una trampa, ¿verdad?

– Nada de trampas. Hay que fijarse bien – dijo su padre mientras tomaba el lápiz –. Sólo será posible hallar la solución si salimos del cuadro que mentalmente nos hemos construido. Debemos romper los límites que nuestra imaginación ha establecido. Sigamos con un lápiz el orden de los números y… habremos resuelto el problema: hacía falta ¡salirse del cuadro!

- Hemos tocado dos veces el punto 1, pero no hemos repasado ninguna línea ni hemos levantado el lápiz.

– ¡Otro juego, papá! Verás como esta vez lo resolvemos.

– Bien, se trata ahora de dividir este cuadrado en cuatro partes iguales de tantas maneras como sea posible. José, seguro que encuentras más de cinco. ¡Quizás diez o más!

Ana y José lo encuentran fácil: trazan dos líneas que se cruzan en el centro, luego trazan las dos diagonales desde los cuatro ángulos, tres líneas verticales u horizontales equidistantes… y ahí se detienen.

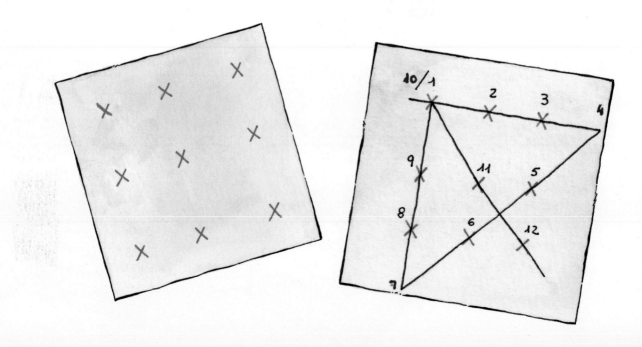

De repente, Ana exclama:

– ¿Quién ha dicho que sean líneas rectas? La solución está de nuevo en ¡romper el esquema! ¿Verdad, papá? Si hacemos entrantes y salientes, curvas y quebradas, en las diagonales o en las demás líneas, encontraremos muchísimas soluciones.

– Excelente, hijos. A veces hay que romper moldes, intentar cambiar el punto de vista, revisar las soluciones de siempre, preguntarnos si podría ser de otra forma, hacer el esfuerzo de… salir del cuadro que nosotros mismos nos hemos trazado y que nos ha aprisionado.

¡Hay que atreverse a ser audaz!

Lluvia de ideas

Es un juego muy divertido para practicar con nuestros hijos, que consiste en suponer una situación y dejar que la imaginación vaya fluyendo en posibles propuestas. Cuantas más, mejor. Podemos tomar nota de todas ellas y veremos cómo obtenemos una lista francamente curiosa… y creativa.

Toda la familia puede tomar parte en el juego.

Con creatividad, se pueden sugerir un sinfín de temas distintos.

Sugerencias

• Todo lo que podríamos hacer con 30 kg de periódicos.
• Soluciones posibles si se nos rompe un zapato en medio de una excursión a pie.
• Encontrar semejanzas entre un avión y una escuela.
• Negocios o empresas que podríamos crear para resolver problemas habituales de la gente, como ayudar a la persona retenida en un atasco callejero y que debe llegar al aeropuerto.
• Posibles soluciones para una tarde lluviosa de un día festivo.
• Disfraces que nos podríamos fabricar con los objetos que hay en casa, sin echar mano de hilo ni aguja de coser.

Lipogramas

Se trata de proponer a nuestros hijos (los mayores podemos participar con ellos) este juego: confeccionar frases en las que sólo aparezca una vocal o en las que no aparezcan ciertas letras.

Este juego admite muchas variantes: sólo con dos vocales, con tres vocales, con cinco consonantes, etc.

Debemos tener en cuenta que únicamente con la vocal A se pueden construir frases relativamente largas. Asimismo, la ausencia de ciertas consonantes no crea problemas especiales.

También podemos proponerles componer frases sólo con monosílabos o bisílabos o, al contrario, donde no aparezcan monosílabos.

Todos los juegos de palabras exigen un gran esfuerzo imaginativo. Por ejemplo, buscar palabras capicúas (sus, nadan, rajar, salas, rayar, allá) o parejas de palabras simétricas (las-sal, arroz-zorra, saco-ocas, daba-abad, río-oír).

cooperación

Cooperar, colaborar, contribuir

Cooperar y todos los conceptos relacionados implican trabajar juntos, empujar todos en la misma dirección, hacer camino juntos, tomar parte con otros para conseguir un objetivo común. Ayudar tiene una sola dirección: uno ayuda y el otro es ayudado. Cooperar tiene siempre una doble dirección: yo ayudo a los otros, y éstos me ayudan a mí. Es decir, todos nos ayudamos mutuamente. En resumen, yo beneficio a los demás, y los demás me benefician a mí. Así, ¡todos salimos ganando!

Cooperar es fácil y difícil a la vez

Desde muy pequeños, nuestros hijos empiezan a cooperar en casa, en la guardería y en el parvulario, ya que saben que tienen que compartir el material para pasar de "jugar al lado de otro" a "jugar con el otro".

Sin embargo, los esfuerzos de padres y educadores son fundamentales para que el hábito se desarrolle correctamente, ya que el proceso de aprendizaje de la cooperación es largo y costoso: por un lado, el ser humano tiene una tendencia innata a la socialización; pero, por otro lado, también tiende a mostrarse insolidario y egocéntrico con gran frecuencia, porque el egoísmo es una vertiente de la naturaleza humana. De todas formas, ambos tienen su razón de ser:

• Necesitamos a los demás para subsistir (sociedad). Desde que nacemos, necesitamos un vínculo, aunque sea débil, que nos conecte con la cultura humana y nos traspase el legado de miles de años de humanidad.

• Necesitamos del "egoísmo" para subsistir entre los demás (egoísmo). El egoísmo bien entendido consiste en cuidar de nosotros mismos y protegernos adecuadamente para no estar a merced de cualquiera. Hay que comprender que el amor hacia los demás empieza por uno mismo.

En cualquier caso, siempre debemos alegrarnos de las actitudes cooperadoras de nuestros hijos y subrayar con nuestra aprobación y apoyo práctico tales actitudes, aunque sean mínimas y no estén exentas de un cierto egoísmo natural.

Algunas observaciones sobre el valor de la cooperación

• No debemos exigir a nuestros hijos un grado de cooperación mayor del que nos exigimos a nosotros mismos.

• Esto no significa que tengamos que renunciar a pedir voluntad de cooperación a nuestros hijos; quiere decir comprender sus limitaciones (comparándolas con las nuestras).

• La mejor manera de educar en el valor de la cooperación es cooperar.

• Nuestros hijos piden nuestra colaboración no sólo con palabras; sus silencios, sus gestos, su simple presencia pueden ser una invitación a trabajar juntos.

¿Salvavidas o equipo? ¿Egoísmo o cooperación?

Con nuestra conducta y, de vez en cuando, con nuestras palabras, debemos enseñar a nuestros hijos que no tienen que considerar a los demás como su "salvavidas", sino como su "equipo", porque:

Con el salvavidas...	En equipo...
• Me aprovecho personalmente de él.	• Trabajo para el bien de todos.
• Si lo tengo yo, no lo puede tener otro.	• Cuanto más tenga yo, más tendrá el equipo.
• Yo lo exijo a los demás.	• Todos nos exigimos unos a otros.
• Cuando lo tengo, ya puedo prescindir de los demás.	• Nunca puedo prescindir del resto de componentes del equipo.
• Yo soy el jefe.	• Es posible que otro dirija el grupo.
• Si no me lo dan, se lo recrimino justamente a los demás.	• Si no triunfamos, se hace muy difícil dar las culpas a uno solo.
• Puedo salvarme yo aunque perezcan todos los demás.	• Nunca gano ni pierdo yo solo; ganamos o perdemos todos.
• A pesar de tenerlo, puedo quedarme solo en medio del océano.	• Nunca me quedaré solo, siempre tengo al equipo conmigo.
• Nunca me ayudará a nadar ni me animará a hacerlo.	• Me ayudarán en momentos difíciles y me animarán.
• Tiene de bueno que nunca se me ocurrirá prescindir de él.	• Tiene de malo que es posible que un día se me antoje prescindir de él.
• Tiene en común con el equipo… ¡que es imprescindible!	• Tiene en común con el salvavidas… ¡que es imprescindible!

¡Ay, del que está solo!
AFORISMO ANTIGUO

Con la concordancia crecen las cosas pequeñas; con la discordia se hunden las mayores.
SALUSTIO, HISTORIADOR ROMANO

El hombre es un animal social.
BARUCH DE SPINOZA, FILÓSOFO NEERLANDÉS

Nadie es una isla por sí mismo; todos somos parte del continente.
JOHN DONNE, POETA INGLÉS

Los hijos de un labrador que se peleaban *(Esopo)*

Los hijos de un labrador se peleaban. El labrador, puesto que ya los había reñido y no había logrado que cambiaran de actitud, comprendió que había que pasar a los hechos. Les dijo, pues, que le trajeran un manojo de varas y, cuando habían cumplido el encargo, les dio primero las varas juntas y les mandó que las partieran. Como que por más que se esforzaron no lo lograron, desató el manojo y les fue dando las varas una por una. Entonces las partieron en un instante, y el labrador les dijo: "Así, pues, hijos míos, si vivís en concordia, tampoco vosotros seréis dominados por los adversarios; pero si os peleáis, os vencerán fácilmente."

Esta fábula nos enseña que tan fuerte es la unión como fácil vencer la discordia.

El león y la rata agradecida *(Esopo)*

Un león dormía, y una rata se puso a correr por encima de su cuerpo. El león se despertó y la atrapó dispuesto a devorarla; pero la rata le suplicó que la soltara, diciéndole que, si le perdonaba la vida, sabría corresponderle. El león se rió de ella y la soltó.
Poco tiempo después, el león se salvó gracias a la gratitud de la rata. Unos cazadores lo habían capturado y lo tenían atado a un árbol con una cuerda. La rata, al oír sus gemidos, corrió hacia él, royó la cuerda y lo liberó. Entonces, la rata dijo: "No hace mucho te reíste de mí porque no esperabas agradecimiento alguno de mi parte; pero ahora ya sabes que entre las ratas también hay gratitud."

Esta fábula manifiesta que en la adversidad los más poderosos tienen necesidad de los más débiles.

hasta **7** años

Juegos de cooperación

Hay muchas posibilidades de realizar en casa, con los amigos, en una fiesta familiar… juegos que, por su naturaleza, piden la colaboración de varias personas.

No se necesita mucha gente, pero sí la cooperación de los que juegan.

Los rompecabezas son un buen ejemplo de juegos en los que el trabajo en equipo los hace más sencillos y divertidos, aunque también se puede jugar de forma individual.

Observación

Con esto no queremos en modo alguno excluir otros juegos de sobremesa, algunos de los cuales pueden ser muy competitivos (p. ej., el parchís), sino que se trata de:
• Favorecer, proponer y resaltar el valor de los juegos cooperativos.
• Destacar los aspectos positivos de los juegos competitivos (estímulo, respeto a las reglas, acceptación de la derrota, superación del desánimo, influencia del azar…) y suavizar los posibles brotes de rivalidad hostil que puedan surgir.

hasta **12** años

Frases cortadas

Tomamos cuatro o cinco frases escritas sobre un papel o, mejor aún, en una cartulina, y las cortamos en pedazos (no hace falta que cada pedazo sólo contenga una palabra), mezclamos los pedazos y los distribuimos al azar entre los miembros de la familia. Todos los fragmentos quedarán a la vista de los demás. Se trata de que, en riguroso silencio, cada uno intente construir frases correctas de forma que al final no sobre ni falte ningún pedazo. Sólo podremos pedir con gestos los trozos de frase que nos parezcan necesarios. Nunca nadie podrá quedarse sin un fragmento de frase.

Observaciones

Debemos recortar por lo menos tantas frases como jugadores para que cada jugador pueda construir como mínimo una frase. Podemos hacer lo mismo con dibujos recortados para recomponer una imagen, por ejemplo una página de periódico donde no haya texto, sino un gran anuncio, o una hoja totalmente ilustrada.

Frases posibles

• Cuando tú me ayudas, yo te ayudo.
• Cuando uno quiere trabajar solo, puede que le falten ánimos.
• Lo que no se le ocurre a uno, se le ocurre a otro.
• No todos tenemos las mismas cualidades; entre todos tenemos muchas.
• Tenemos la suerte de poder trabajar con los demás.

Compadecer significa padecer con el otro

Normalmente se entiende por compasión el sentimiento de ternura y pena que alguien tiene ante el sufrimiento o dolor de otro. En esta ocasión, vamos a tomar este valor en un sentido más amplio para interpretarlo como la capacidad de poner nuestros sentimientos en consonancia con los sentimientos del otro. Tenemos que enseñar a nuestros hijos a sentir, en la medida de lo posible, los estados de ánimo ajenos como propios. Esto les ayudará a mantener una buena relación afectiva con las personas que les rodeen a lo largo de sus vidas.

El proceso de aprender la compasión

Primer paso: conocer las emociones propias.

La educación de la compasión empieza cuando los niños aprenden a reconocer los sentimientos propios.

Primero deben darse cuenta de las variaciones de su estado de ánimo y tomar conciencia de ellas para después poder dar nombre a los diferentes sentimientos y llegar a saber por qué han aparecido.

Segundo paso: controlar nuestras emociones.

Nuestros hijos suelen tener poca capacidad para "aguantarse" y dejar pasar un tiempo antes de llevar a cabo sus deseos. La inmediatez y la urgencia están implícitas en sus peticiones. "Ordeno y mando, y que se haga pronto" parece ser su frase preferida. Debemos ir acostumbrándoles a controlar la impulsividad de sus deseos para que sepan que no todo puede ser "dicho y hecho", sino que muchas veces hay que resistirse a los impulsos.

Tercer paso: motivarse uno mismo. Motivarse uno mismo significa descubrir el interés por las cosas, es decir, despertar la sana curiosidad y no aceptar quedarse instalado en la pasividad.

Debemos transmitir a nuestros hijos que con una actitud mental negativa ("no hay nada que hacer"), no se logra nada; mientras que con una actitud mental positiva ("lo conseguiré"), seguro que se logra algo.

No se trata de...
- Estar irritado.
- Estar contento.
- Estar furioso.
- Estar de buen humor.
- Estar...

Sino de...
- Saber que uno está irritado.
- Saber que uno está contento.
- Saber que uno está furioso.
- Saber que uno está de buen humor.
- Saber que uno está...

Cuarto paso: reconocer las emociones ajenas.

Mientras que compasión es una palabra de origen latino, simpatía es de origen griego; sin embargo, ambas significan lo mismo: padecer con el otro, experimentar la misma pasión que el otro, sentir lo mismo que el otro siente.

Hay una palabra parecida a estas dos que en la actualidad se oye mucho: empatía, y que también conlleva la idea de ponerse en la piel del otro para sentir con él.

Para explicar este valor a nuestros hijos, podemos decirles que deben intentar ver el punto de vista del otro, observar sus reacciones y captar sus emociones para poder entender sus sentimientos y pasiones.

Quinto paso: controlar las relaciones con los demás.

El último paso en el camino hacia la compasión consiste en adecuar nuestros actos a las necesidades de los demás, es decir, lograr que lo que decimos y hacemos responda a las situaciones personales que están viviendo los demás.

De las miserias suele ser alivio una compañía.
MIGUEL DE CERVANTES,
ESCRITOR ESPAÑOL

Supone ya una felicidad poder amar, aunque sea sólo uno el que ama.
THÉOPHILE GAUTIER,
ESCRITOR FRANCÉS

Tu conciencia significa precisamente «los demás dentro de ti».
LUIGI PIRANDELLO,
ESCRITOR ITALIANO

Hay un único heroísmo: ver el mundo tal como es y amarlo.
ROMAIN ROLLAND,
ESCRITOR FRANCÉS

No todo es compasión, aunque lo parezca

- La compasión no es debilidad sentimental.
- La compasión no es llorar ante los dramas de la televisión... y restar indiferente ante los dramas de la realidad.
- La compasión no es decir ¡pobre!... sino intentar que haya menos pobres.
- La compasión no puede detenerse en el sentir... hay que llegar al hacer.
- La compasión no empieza mirando a los demás... empieza mirándose a uno mismo.
- La compasión no es compasión si no está enraizada en la esperanza.
- La compasión puede ser ciega, puede ser muda, pero no debe ser inválida.
- La compasión no es tal si no pasa a la acción.

El anciano y la estrella

Había una vez un venerable ermitaño que vivía en la cueva de una montaña. Durante todo el día no probaba ni un sorbo de agua; sólo al anochecer calmaba su sed. Cuando llegaba la noche veía resplandecer con un fulgor especial una estrella en el firmamento; eran los dioses que aprobaban su moderación.

Cierto día un muchacho le pidió vivir con él y seguir su misma vida. El anciano le aceptó. Al día siguiente bajaron ambos a buscar agua al riachuelo que surcaba el fondo del valle. El viejo ermitaño no bebió del agua cristalina; el muchacho tampoco: quería imitarle en todo.

Subieron la empinada cuesta; el calor era intenso y jadeaban de cansancio. El muchacho le miraba con los labios resecos y sus ojos le pedían poder tomar por lo menos un sorbo de la jarra que llevaba en su hombro. Se sentaron en un recodo del camino para descansar.

El anciano pensaba: "Si yo no bebo, el muchacho no beberá tampoco; pero si yo bebo, esta noche no veré la estrella." ¡Qué mar de dudas en el corazón del ermitaño! Por fin, al descansar de nuevo, el viejo, compadecido de la sed del muchacho, tomó la jarra, se la acercó a los labios y bebió. ¡Cómo brillaron los ojos del muchacho!

– ¿Puedo beber yo también?

– Sí, muchacho. Yo he bebido, bebe tú.

Al anochecer el anciano no se atrevía a levantar los ojos al cielo porque pensaba que los dioses le ocultarían la estrella. Sin embargo, cuando, por fin, levantó la mirada vio que aquella noche, en la bóveda del firmamento, brillaban dos estrellas.

Caricias compartidas

(Rabindranath Tagore)

Un día vi a un chiquillo desnudo que estaba tendido en la hierba.

Su hermana estaba sentada junto al agua del río, frotando un jarrón con un puñado de arena, dándole vueltas sin cesar.

Muy cerca, un cordero de suave lana pacía siguiendo el río. El cordero se aproximó al niño y, de pronto, baló fuertemente.

El niño se estremeció y comenzó a gritar.

La hermana abandonó su tarea y corrió hacia él.

Rodeó a su hermanito con un brazo y al cordero con el otro y, dividiendo sus caricias, unió, en un mismo lazo de ternura, al hijo del hombre y al hijo de la bestia.

Los sentimientos de los demás

Si junto con nuestros hijos vemos la proyección de una película en el cine o por televisión, podemos eventualmente hacerle caer en la cuenta de los distintos estados de ánimo de los personajes que aparecen y darles un nombre.

Cuanto mayor sea el niño, más matices podremos captar y expresar.

Observación

Los primeros y primerísimos planos que el cine nos ofrece permiten una aproximación inmejorable a los actores para observar aquellos gestos faciales o posturales que traducen sus sentimientos más sutiles.

El cine suele recrearse en ofrecer los planos que nos introducen en las emociones de los distintos personajes y vale la pena aprovecharlo.

Observo la tarea de los voluntarios

No podemos pretender que a estas edades nuestros hijos contraigan compromisos en organizaciones de voluntariado social.

Sin embargo, deben ser testigos del compromiso de los mayores como la mejor iniciación en el valor de la compasión efectiva.

Deben acompañarnos con naturalidad en las actividades de voluntariado que realicemos. En este valor serían inútiles les reflexiones teóricas si se vieran desligadas del testimonio personal.

Precisión

Entendemos por voluntariado, el colectivo de personas que dedican desinteresadamente parte de su tiempo a la comunidad para mejorar su calidad de vida en aquellos ámbitos que la administración o las empresas privadas no cubren eficazmente.

generosidad

La generosidad en la actualidad

Vivimos en un mundo en el que el mercantilismo lo ha invadido todo. Compramos y vendemos; damos para que nos den; pagamos y cobramos; pedimos justicia poniendo precio a lo que nunca debería tenerlo. Vendemos nuestro trabajo, alquilamos nuestras aptitudes, permutamos nuestros esfuerzos, arrendamos nuestro tiempo. No damos nada gratis y, sobre todo, no nos damos a cambio de nada. Ha llegado incluso el momento en el que los regalos se convierten en una obligación: debemos hacer un regalo, nos lo exigen. ¿Hemos perdido el sentido de lo gratuito? Sin él, no podemos ser generosos.

Ser generoso es dar el tiempo

El tiempo, como el agua, es un bien abundante y escaso a la vez. Es abundante porque tenemos millones y millones de años por detrás y millones y millones de años por delante nuestro; pero es escaso porque lo tenemos racionado y no podemos comprarlo ni pedirlo prestado.

No es extraño que seamos avaros con el tiempo porque, cuando lo regalamos, nos estamos regalando a nosotros mismos, ya que es un bien imposible de recuperar.
Regalar tiempo a los demás es una expresión plenísima de generosidad.

Los padres enseñamos a ser generosos con nuestro tiempo cuando...

- Atendemos a un amigo pesado que nos cuenta sus preocupaciones.
- Visitamos a unos parientes que nadie va a ver.
- Hacemos compañía a un viejecito que vive solo.
- Pasamos un rato con unos asilados que no tienen familia (o que ésta se comporta como si no la tuvieran, que es peor).
- Acompañamos a un grupo de discapacitados a dar una vuelta los domingos por la mañana.
- Charlamos con un enfermo que se siente muy solo.
- Colaboramos en una asociación cultural con pocos recursos.
- Atendemos a un matrimonio vecino que nos cuenta el viaje de novios de su hija.
- Participamos en la reunión del barrio, después de llegar cansados de trabajar.
- Vamos a comprar lo que necesita una vecina que se ha roto una pierna.
- Dedicamos unas cuantas horas a un voluntariado social.

Ser generoso es dar espacio

El espacio es muy distinto del tiempo, ya que se nos da todo a la vez y podemos recorrerlo como queramos o detenernos en él. No es un bien escaso y además constantemente se encuentran sistemas para ampliar el espacio disponible: podemos desayunar en Europa, comer en Asia y cenar en América, y pronto iremos a pasar las vacaciones a la Luna o a Marte.

Todo es posible en el espacio. Si nos incomoda la ciudad, nos vamos al campo; si nos aburre la naturaleza virgen, pisamos quilómetros de asfalto; si no nos apetece la playa, nos instalamos en el monte.

¿Cómo podemos, pues, ser generosos con el espacio, si hay tanto? Un bien tan abundante, hemos conseguido parcelarlo, repartirlo y reservarnos trocitos para nuestro uso particular. Es un espacio físico, pero a la vez un espacio afectivo. En él, hemos creado una campana de cristal para protegerlo y hemos colocado un cartel de "reservado el derecho de admisión". En realidad, tenemos todo el derecho a hacerlo para conseguir intimidad en nuestra vida privada. Pero, precisamente porque es un derecho personal, tenemos la posibilidad de abrir este espacio íntimo y albergar en él a otras personas. No se trata de dejar las puertas abiertas para que los abusones del espacio ajeno nos dejen la casa vacía; se trata de abrir voluntariamente las puertas de nuestro hogar a los amigos y a los no tan amigos.

Asimismo, los amigos de nuestros hijos deben encontrar en nuestro hogar un lugar para reunirse, para jugar, para guardar sus cosas y para pasar una noche, si hace falta (y hay lugar, claro).

Ser generoso es dar gestos, palabras y silencios

El perdón nos hace superiores a los que nos injurian.
NAPOLEÓN I, EMPERADOR FRANCÉS

Las primeras palabras que la nodriza del hijo de un rey debe enseñarle son: yo perdono.
WILLIAM SHAKESPEARE, DRAMATURGO INGLÉS

Aquel que siempre quiere ahorrar está perdido.
THEODOR FONTANE, ESCRITOR ALEMÁN

La gratitud es la forma más exquisita de cortesía.
JACQUES MARITAIN, FILÓSOFO FRANCÉS

La gratitud es la tímida riqueza de aquellos que no poseen nada.
EMILY DICKINSON, POETA NORTEAMERICANA

La persona humana tiene la capacidad de comunicarse con sus semejantes; y esta facultad ha llegado a límites sublimes de posibilidades y matices no sólo a través de lo que decimos, sino también por cómo lo decimos y cómo gesticulamos con los ojos, con la cara, con las manos y con todo el cuerpo. Los expertos afirman que del 100% que comunicamos, el 50% lo hacemos a través de los gestos, el 40% por las entonaciones de la voz y sólo el 10% por las palabras que articulamos.

A través de estas herramientas también podemos ser generosos, ya que están en nuestras manos y permiten mostrarnos generosos o avaros, pródigos o tacaños, altruistas o egoístas.

Podemos ser generosos a través de...		
Gestos	**Palabras**	**Silencios**
• Saludo confiado.	• Tono suave.	• Escucha atenta.
• Mirada atenta.	• Alabanza sincera.	• Espera compartida.
• Manos afectuosas.	• Corrección sobria.	• Dolor acompañado.
• Ayuda amable.	• Aliento optimista.	• Permanencia al lado.
• Apoyo eficaz.	• Diálogo verdadero.	• Invitaciones al silencio.

Ser generoso es perdonar

El perdón es una mezcla de amor, de compasión, de comprensión humana, de olvido y de esperanza; es proclamar con hechos que siempre es posible cambiar y mejorar.

• En la generosidad con el tiempo → el error del pasado no se tiene en cuenta.

• En la generosidad con el espacio → abrimos las puertas a nuevos caminos.

• En la generosidad con los gestos → el abrazo rehace vínculos rotos.

• En la generosidad con la palabra → tenemos que saber decir "te perdono".

• En la generosidad con el silencio → no debemos echar en cara los errores.

Y si no tenemos nada más para dar... aún podemos dar dinero

Aunque la primera cosa que relacionamos con la generosidad es el dinero, debemos conseguir que sea la última. Es importante que sepamos repartir nuestros bienes monetarios entre los que los necesitan, pero también debemos recordar que el dinero no debe sustituirnos, sino sólo prolongarnos.

Y esto es así cuando damos lo que necesitamos y no aquello que nos sobra.

Generosidad y egoísmo, cara a cara

La generosidad	El egoísmo
• Piensa en los demás.	• Piensa en sí mismo.
• Mira hacia fuera.	• Mira hacia dentro.
• Sirve a los demás.	• Se sirve de los demás.
• Los otros son su centro.	• Él es el centro de los otros.
• Los demás cuentan con ella.	• Él cuenta con los demás.
• Dice: ¿me necesitas?	• Dice: no tengo tiempo.
• Se fatiga por los demás.	• Los demás lo fatigan.
• Grita: ¡más!	• Grita: ¡basta!
• Realiza favores.	• Cobra los favores.
• Los demás cuentan con su tiempo.	• Él cuenta con el tiempo de los demás.
• Se considera deudor.	• Se considera acreedor.
• Prefiere dar que recibir.	• Prefiere recibir que dar.
• Por la noche piensa: mañana haré...	• Por la noche piensa: ¡cuánto he hecho hoy!

Gracias a ella mucha gente es un poco más feliz, aunque ella no suele pensar en ello.

Por su culpa, mucha gente sigue padeciendo, aunque no quiera darse cuenta de ello.

Y hablando de los bienes económicos...

Educaremos en la generosidad si...	No educaremos en la generosidad si...
• Nos damos a nosotros antes de dar dinero.	• Empezamos dando dinero, antes de darnos a nosotros.
• Sugerimos a nuestro hijo que dé el 1% de lo suyo y nosotros damos otro 1%.	• Pedimos a nuestro hijo que dé el 1% de lo suyo y nosotros damos solamente el 0,5%.
• Se nos ocurre que además del dinero, debemos dar algo más.	• Ni se nos ocurre que, además de dinero, debemos dar algo más.
• Somos generosos, aunque nuestro hijo no lo vea.	• Afirmamos que los ricos tienen más posibilidades de ser generosos.

El Príncipe Feliz *(Oscar Wilde)*

En lo alto de la ciudad se levantaba, sobre un pedestal, la estatua del Príncipe Feliz. Estaba toda ella recubierta de láminas de oro fino; sus ojos eran dos zafiros, y un enorme rubí escarlata brillaba en la empuñadura de su espada.

– ¡Qué estatua tan bella! ¡Parece un ángel! – decía la gente al pasar.

– ¡Quién pudiera ser como el Príncipe Feliz!

En un atardecer de otoño, una golondrina emprendió un largo viaje hacia Egipto. Cuando se sintió agotada por el trayecto y el viento hostil, buscó cobijo en los pies de la estatua del Príncipe Feliz. Apenas había conciliado el sueño, cuando sintió que una gruesa gota caía sobre sus alas.

– Es curioso, el cielo está lleno de estrellas y empieza a llover – pensó.

Otra gota y otra y otra. Ya se disponía a buscar cobijo en el alero de la casa más cercana, cuando levantó la vista y vio que los ojos del Príncipe Feliz estaban llenos de lágrimas.

– ¿Quién eres? ¿Y por qué lloras?

– Soy el Príncipe Feliz. Cuando vivía y tenía un corazón humano no conocía el dolor, porque los muros de mi palacio no dejaban penetrar la miseria ni la desgracia. Ahora, me han colocado tan alto que puedo contemplar todas las miserias de la ciudad. Aunque mi corazón es de plomo, no tengo más remedio que llorar todas las noches. Detrás de aquella ventana abierta, una mujer cose afanosamente un vestido para una dama noble. El hijo de la pobre mujer está enfermo y lo consume la fiebre. ¿Querrías llevarle el rubí del puño de mi espada?

Aunque debía seguir su viaje, la golondrina accedió a quedarse aquella noche para cumplir con el encargo. Arrancó el bellísimo rubí con su pico y voló por encima de la catedral y del palacio real lleno de luz y de música hasta llegar al barrio más humilde de la ciudad. Entró por la ventana abierta y dejó el rubí sobre el dedal de la modista. Antes de irse, batió sus alas sobre la cara del niño para darle frescor.

– ¡Qué raro, ya no tengo tanto frío! – dijo la golondrina al regresar junto al Príncipe.

– Esto es porque has hecho una buena acción – le respondió.

De madrugada, el Príncipe Feliz volvió a dirigirse a la golondrina:

– Golondrina, al otro lado de la ciudad hay un joven escritor que debe terminar una obra de encargo antes del mediodía y está aterido de frío porque no tiene leña para encender la lumbre. Toma un zafiro de mis ojos y llévaselo; el joven lo venderá a un joyero y podrá comprar combustible y terminar su obra.

Al día siguiente, cuando fue a despedirse, oyó la dulce voz del Príncipe Feliz que le susurraba:

– Golondrina, allí en la plaza hay una pobre vendedora de cerillas; todas se le han caído en el barro y no las podrá vender. Por favor, toma el otro zafiro y llévaselo para que no muera de hambre.

Mientras sobrevolaba la ciudad, la golondrina se fijó en toda la miseria y dolor que poblaban las calles. A su regreso, se lo contó todo al Príncipe.

– Estoy cubierto de láminas de oro puro – le dijo éste –. Por favor, arráncamelas una por una y distribúyelas entre los necesitados.

La golondrina cumplió el deseo del Príncipe Feliz y la alegría llenó los hogares más humildes de la ciudad. Tantos días empleó en aquel generoso quehacer que las nevadas y los hielos cayeron sobre la ciudad. Aterida de frío, se dirigió a los pies del Príncipe Feliz y le musitó en voz baja:

– ¡Adiós, amado Príncipe!

– Me alegra saber que por fin vas a Egipto. Te agradezco este largo tiempo que has estado conmigo y la felicidad que has repartido por la ciudad – dijo el Príncipe Feliz.

– No voy a Egipto. Voy a morir dulcemente a tus pies.

A la mañana siguiente, cuando el alcalde de la ciudad, acompañado de sus consejeros, pasó por delante de la estatua, la vio estropeada y ennegrecida, sin piedras preciosas.

– Parece la estatua de un mendigo – gritó el alcalde – ; la haré derribar y en su lugar levantaré una estatua en mi honor.

Cuando los fundidores derretían la estatua, el capataz observó en voz alta:

– ¡Qué extraño! No hay modo de fundir este corazón de plomo.

Lo arrojó a la basura y allí se encontraron el corazón y la golondrina muerta.

Cuando Dios le ordenó a un ángel que le llevara las dos cosas más preciosas de la ciudad, éste le entregó el corazón y la golondrina, y Dios afirmó:

- Has elegido perfectamente, porque en los jardines de mi paraíso este pájaro y el Príncipe vivirán felices para siempre.

hasta
7
años

Palabra mágica

La palabra mágica es "gracias". Si nuestro hijo se olvida de emplearla como expresión de agradecimiento, no le diremos "¿No das las gracias?", sino "¿Y la palabra mágica?"

Si sabe a lo que nos referimos, aprenderá a dar las gracias como si se tratara de un juego, y lo incorporará sin problemas a su práctica habitual.

Regalos insospechados

No vamos a negar la conveniencia de seguir las costumbres sobre los regalos familiares en fechas señaladas: cumpleaños, Navidad, Reyes, día de la madre, día del padre, etc., sino de la conveniencia de darnos, de vez en cuando y sin razón alguna, un regalito… simplemente porque "nos gusta regalar".

Los conceptos de regalo, de generosidad, de gratuidad, del don por el don quedarán más claros si, al hacerlo, rompemos la obligación de regalar.

Observación

No hablamos de regalos caros, sino de pequeños detalles inesperados, que no obedezcan a ninguna ocasión preestablecida. Serán verdaderos regalos, dones gratuitos.

hasta
12
años

Damos tiempo

A estas edades, nuestros hijos ya nos pueden acompañar en actividades de tipo social que comportan el regalo de nuestro tiempo a personas que lo necesitan.

El simple hecho de estar con nosotros constituye la mejor manera de enseñarles a ser generosos con el tiempo.

La amistad, fruto de madurez

La amistad es uno de esos valores que se desarrolla paralelamente a la evolución de la persona. Hay que empezar a educar en ella desde pequeños, aun sabiendo que, en edades tempranas, los niños experimentan sólo unos primeros tanteos con la amistad, que ganan consistencia a medida que crecen. La amistad es una forma de amor y, como tal, está siempre en constante evolución. No se trata tanto de "ser" amigo, como de "hacerse" amigo en el sentido de ir siendo cada vez más amigo.

Relativicemos y valoremos las amistades infantiles

No nos debe sorprender la variabilidad de las amistades infantiles, puesto que éstas nacen de circunstancias totalmente anecdóticas, y cambian según las variaciones de tales circunstancias.

Si recordamos los nombres de los amigos de nuestro hijo, veremos cómo cambian de un mes a otro, y por supuesto de un año a otro. Por este motivo, debemos relativizar el concepto de amistad en relación con los más pequeños.

Sin embargo, tenemos que reconocer que en estos atisbos de amistad existen ya algunas características que serán propias de la amistad madura. Y, por eso, debemos valorar estos conatos inmaduros porque son la base del aprendizaje de este valor.

Puntos principales de la amistad

Querer el bien y la felicidad del amigo
La amistad es una forma de amar y, por eso, implica el deseo de que la persona amada esté bien y sea feliz. La amistad no puede dañar.

Desinterés
La amistad que quiere aprovecharse del amigo se convierte en comercio. El egoísmo estropea la amistad y cualquier forma de amor.

Reciprocidad
La amistad es un sentimiento mutuo; existen amores anónimos, pero son imposibles las amistades anónimas.

Especificidad
Los amigos son concretos; sabemos quiénes son, puesto que la amistad no es una relación difusa e indefinida y no podemos ser amigos de todo el mundo.

Igualdad
La amistad no acepta diferencias que creen una relación de dependencia, de sumisión, de superioridad e inferioridad, de jerarquía. Respetar las características de cada uno es un elemento esencial de la amistad.

Deseo de estar juntos
Los amigos desean la asiduidad de trato, la conversación frecuente para comunicarse sentimientos, ideas, vivencias, proyectos… La ausencia debilita la amistad.

Confianza mutua
La relación de amistad se basa en la confianza total, en la sinceridad, la discreción y la transparencia. Hay que sentir una seguridad absoluta del uno en el otro.

Libertad
La amistad es fruto de la libertad y debe suscitar una mayor libertad. Los amigos no se imponen, se encuentran por casualidad y son fruto de una elección personal y libre.

Los padres, ¿amigos de los hijos?

Si observamos las características de la relación entre padres e hijos, veremos que es imposible que haya una amistad en el sentido pleno de la palabra entre tales personas.

La relación paterno-filial, en las dos direcciones, reviste una modalidad de amor distinto al de la amistad.

La dependencia de los hijos, la diferencia de edad y experiencias, la ausencia de libertad en la elección, la jerarquización de la sociedad familiar originan otros vínculos.

Podemos suponer que, si los hijos son mayores, independientes y económicamente autónomos exista la posibilidad de que esta relación pueda convertirse en algo muy próximo a la amistad.

Sin embargo, mientras los hijos viven en el hogar paterno, los padres debemos ejercer precisamente de padres, misión harto comprometida y de enorme responsabilidad.

La mejor manera de educarlos en la amistad será que vean las relaciones que nosotros tenemos con nuestros amigos; será el método educativo óptimo para que nuestros hijos aprendan la importancia de este valor.

Es amigo aquél que es como otro yo.
CICERÓN, FILÓSOFO ROMANO

El amigo es la mitad de mi alma.
HORACIO, POETA LATINO

Un buen amigo es un tesoro.
QUINTILIANO, RETÓRICO ROMANO

Rey que no tiene amigo es un mendigo.
PROVERBIO MEDIEVAL

La peor soledad es verse falto de una amistad sincera.
FRANCIS BACON, FILÓSOFO INGLÉS

La única forma para tener un amigo es ser un amigo.
RALPH W. EMERSON, FILÓSOFO NORTEAMERICANO

El falso amigo es como la sombra, que nos sigue mientras dura el sol.
CARLO DOSSI, ESCRITOR ITALIANO

Los músicos de Bremen

(Hermanos Grimm)

Un labrador tenía un asno muy trabajador, que durante años había llevado, sin quejarse, un montón de sacos de harina al molino. Llegó el día en el que las patas ya no lo sostenían y el lomo le dijo basta. Entonces el dueño pensó matarlo.

El asno se dio cuenta y huyó hacia la ciudad de Bremen, pensando que allí podría trabajar de músico.

Por el camino encontró a un perro perdiguero que, postrado en el suelo, jadeaba cansado.

– Pareces muy fatigado, amigo mío – dijo el asno.

– ¡Ay de mí! Puesto que soy viejo y no sirvo para cazar, mi amo me quería matar. ¡Menos mal que he podido escaparme! Pero, ¿qué haré ahora?

– ¿Sabes? – dijo el asno –. Ven conmigo a Bremen, a ver si encontramos trabajo de músicos. Yo tocaré los timbales y tú la guitarra.

El perro se avino y siguieron juntos el camino. No habían andado demasiado, cuando encontraron a un pobre gato con cara de pasar hambre.

– ¿Qué te ocurre, Bigotes? – preguntó el asno.

– Me vuelvo viejo, y prefiero estar a la vera del fuego que perseguir ratones. Mi dueña me quería ahogar. He podido huir, pero ¿adónde iré ahora?

– Ven con nosotros. Eres un músico y seguro que te querrán en la banda de Bremen.

Al gato le gustó la idea y se unió a los otros dos. Algo más tarde, los tres fugitivos llegaron a una granja. Encaramado sobre el portal, un gallo gritaba a voz en cuello.

– ¿Qué te pasa, gallo?

– Mañana es domingo, la dueña tiene invitados y le ha dicho a la cocinera que me eche al puchero; esta noche me quieren cortar el cuello.

– Mira, Cresta Roja, será mejor que vengas con nosotros. Vamos a Bremen, y con tu buena voz y nuestra banda nos haremos ricos.

– Me parece muy bien – dijo el gallo.

Y, ¡los cuatro hacia Bremen! Pero aquel día no pudieron llegar; les cayó la noche encima y decidieron pasarla en el bosque. El asno y el perro se acostaron bajo un árbol muy alto, el gato se subió a las ramas

y el gallo se montó encima de su copa. Antes de dormirse, vio, a lo lejos, una lucecita. Enseguida llamó a sus compañeros:

– ¡Eh! No muy lejos debe haber una casa.

– Lo mejor que podemos hacer – dijo el asno – es ir a comprobarlo.

Todos se dirigieron hacia la lucecita pero cuando llegaron, vieron que era un escondrijo de ladrones. El asno, que era el más alto, se acercó a la ventana para echar una ojeada.

– ¿Qué ves? – preguntó el gallo.

– Veo una mesa con mucha comida y un montón de ladrones que se están hartando.

– ¡Caramba! ¡Qué hambre! – dijo el gallo.

Y los cuatro animales empezaron a pensar la mejor manera de ahuyentar a los ladrones. Al fin, hallaron la solución: el asno puso las patas en el alféizar de la ventana, el perro se subió a su espalda, el gato se encaramó encima del perro y el gallo voló sobre la cabeza del gato. Entonces, se pusieron a gritar todos a la vez: el asno rebuznaba, el perro ladraba, el gato maullaba y el gallo cantaba. Y, de golpe, se lanzaron contra la ventana de la sala y causaron un enorme destrozo.

De un brinco, los ladrones, aterrorizados, se levantaron y huyeron corriendo hacia el bosque, pensando que era un fantasma. Los cuatro amigos se pusieron a la mesa y se hartaron a rebentar. Cuando hubieron terminado, apagaron la luz y cada uno se buscó un lecho. El asno se tendió sobre el estiércol, el perro detrás de la puerta, el gato sobre el rescoldo del hogar y el gallo encima de una viga.

A medianoche, el capitán de los ladrones, viendo que la casa estaba toda a oscuras y en paz, pensó que no debían haberse asustado tanto y mandó a uno de la banda para ver lo que ocurría. El enviado entró en la cocina para encender la lumbre y, pensando que los ojos brillantes del gato eran brasas, acercó una cerilla. El felino, que no estaba para bromas, le arañó la cara. Asustado, retrocedió hacia la puerta, el perro se levantó y le clavó los dientes en la pierna. Al huir, se topó con el asno, que le propinó un par de coces mientras el gallo, desde la viga, no paraba de gritar "kikirikí".

El ladrón, desconcertado, corrió hacia el bosque y advirtió al capitán:

– En la casa hay una bruja que araña, un hombretón que me ha clavado una navaja en la pierna, un monstruo negro que me ha atontado a golpes y un juez que grita: "¿Quién chilla aquí?"

Al oír esto, los ladrones, aterrados, no volvieron jamás a la casa y los músicos de Bremen se encontraron tan bien allí que se quedarón. Y quien no lo quiera creer que lo vaya a ver.

hasta **7** años

Primeras pistas de amistad

Es interesante hacer reflexiones ocasionales sobre hechos ocurridos en casa, en la escuela… que contengan alguna característica (positiva o negativa) de la amistad. Una frase muy sencilla sirve para resaltar que tal o cual característica (a veces un pequeño detalle) son notas de la verdadera amistad.

Posibles frases
- Eres muy amiga de Susana porque siempre os veo juntas.
- Se nota que eres amiga de Sergio porque siempre le cuentas tus cosas.
- Si dos amigos se pelean a menudo, dejarán de ser amigos.
- Estos dos no deben ser muy amigos porque, cuando pueden ayudarse, no lo hacen.

hasta **12** años

Testimonios de amistad

Para profundizar en la actividad anterior, se puede pedir a los niños que reflexionen sobre su sentido de la amistad y que la comparen con lo que entendían por ella cuando eran más pequeños. Asimismo, se puede partir del cuento de Los músicos de Bremen para entablar una conversación fructuosa sobre el tema y enseñarles que la vida es un camino en el que se van encontrando amigos como les pasó a los cuatro animales del cuento.

Sugerencias
- ¿Son amigos los animales del cuento o simples compañeros de viaje? ¿Por qué?
- ¿Qué ventajas les reporta?
- ¿Cómo respetan las características de cada uno?
- Qué hubiera sido si cada uno se hubiera encontrado con los ladrones sin la compañía de los otros animales?

A continuación, se pueden generalizar las conclusiones extraídas:
- ¿Qué diferencia a un amigo de un compañero?
- ¿Qué puede poner en peligro una amistad?

¿Por qué es mi amigo?

Esta actividad consiste en dialogar con nuestros hijos acerca del porqué de sus amistades y de las nuestras. Es decir, expresar en voz alta las razones por las que una persona es amiga.

Nuestros hijos deben describir aquellas características de sus amigos que hacen que se encuentren a gusto en su compañía y quieran seguir alimentando esa amistad.

Ejemplos
- ¿En qué temas coinciden nuestros gustos? • ¿En qué asuntos es más fácil ponerse de acuerdo?
- ¿Qué cualidad te gusta más? • ¿En qué te gustaría que cambiara? • ¿Cómo se complementan nuestras cualidades?

La libertad, algo fundamental

La libertad es un valor tan fundamental que la Declaración Universal de los Derechos Humanos (1948) lo repite treinta veces, ya sea como nombre (libertad), como adjetivo (libre), como adverbio (libremente) o como verbo (liberar). Nosotros deseamos ser libres, que nos dejen hacer lo que queramos, que no nos sometan a servidumbres de ningún género. Y, naturalmente, nuestro hijo también lo desea y tiene todo el derecho a ello. En nosotros recae la obligación de enseñarle a serlo. Nos hallamos ante el valor más comprometido y más frágil; el más deseado y el más temido. Y, a pesar de todo, debemos educar en la libertad.

Sólo es libre el ser que piensa

El ser humano pertenece al género animal, propiedad que implica una serie de necesidades que pueden escapar de la idea de libertad: estamos sometidos inexorablemente a unas condiciones anatómicas, físicas, temporales, espaciales… sobre las que nuestra voluntad puede intervenir muy poco o sencillamente nada. El frío, el hambre, el cansancio, el sueño, la digestión, el dolor, el placer, el crecimiento, la enfermedad, la decrepitud, la muerte nos avasallan.

Sin embargo, ya Aristóteles definió a la persona humana como animal racional, atributo específico que nos permite pensar, imaginar, sopesar, valorar, prever, decidir... Y porque somos racionales merecemos premios y castigos. Si no estuviéramos convencidos de que las personas humanas tenemos libertad, que podríamos haber obrado de otra forma, no habría códigos ni tribunales ni honores ni cárceles, ni honra ni deshonra; sería imposible hablar de derechos y de obligaciones. ¿Para qué? Si hacemos lo que no podemos dejar de hacer, ¿de qué sirve alabar o recriminar?

No sabemos en qué medida somos libres, pero damos por descontado que lo somos y actuamos en consecuencia. Y nuestro hijo también debe tenerlo muy claro.

De hecho, hasta ahora hemos hablado de responsabilidad, tolerancia, diálogo, generosidad, sinceridad…, pero sería imposible tratar de educar en todos estos valores sin estar convencidos de que estamos delante de un ser libre.

A un ser que no sea libre lo podemos manejar, utilizar, usar o domesticar, precisamente a través de sus mecanismos necesarios, de sus leyes físicas, pero nunca lo podremos educar para que ame ni para que prefiera ser bueno en lugar de ser malo. Se trata de una prerrogativa exclusiva de los seres libres; y son libres porque pueden decidir lo que van a hacer, porque piensan.

Por todo esto, el primer paso para hacer libres a nuestros hijos es enseñarles y ayudarles a pensar, a tener los ojos y la mente abiertos, a tener sentido crítico, a no ser esclavos del pensamiento de los demás. La esclavitud, del tipo que sea, es el polo opuesto de la libertad.

La libertad es peligrosa

De todas maneras, debemos matizar: la libertad es peligrosa si anda sola y, por eso, no podemos desvincularla del resto de valores que debemos transmitir a nuestros hijos. Si apostamos por educar en la libertad como valor único o valor supremo de la escala de valores, puede ser que consigamos formar a un ser antisocial, incapaz de convivir con otras personas libres. La hipertrofia de cualquier valor es perjudicial, pero la hipertrofia de la libertad es fatal.

Debemos admitir que una persona libre crea más problemas a sus educadores que una marioneta a sus manipuladores. Si los padres queremos formar a seres libres (y, en principio, nadie debería desear lo contrario), tenemos que aceptar el riesgo de que "salgan libres", en el sentido que puede ser que piensen distinto de nosotros, que su escala de valores sea otra o que sus ideales no concuerden con los nuestros.

Enseñar a ser libre es también enseñar a dudar, a aceptar el error, a no extrañarse de haberse equivocado, a aceptar las consecuencias de las propias decisiones, a saber corregirlas cuando haga falta, a arrepentirse, a pedir perdón (sólo puede pedir perdón quien ha obrado libremente), a respetar la libertad de los demás, a no ser libre a base de someter a otros, a trabajar para que todo el mundo sea libre...

Si nuestro hijo no se comporta de esta manera, será porque no habrá aprendido a ser libre.

Todos somos esclavos de las leyes para que podamos ser libres.
CICERÓN, FILÓSOFO ROMANO

¿Quién es libre? El sabio que se manda a sí mismo.
HORACIO, POETA LATINO

Ninguna esclavitud es más vergonzosa que la voluntaria.
SÉNECA, FILÓSOFO LATINO

La libertad es un bien común y cuando no participen todos de ella, no serán libres los que se crean tales.
MIGUEL DE UNAMUNO, ESCRITOR Y FILÓSOFO ESPAÑOL

La libertad supone responsabilidad. Por eso, la mayor parte de las personas la temen tanto.
G. BERNARD SHAW, ESCRITOR IRLANDÉS

El autocar y el ferrocarril

En la plaza de la estación del ferrocarril, un autocar esperaba a los viajeros que debían llegar en el tren de las 9 de la mañana. Éste llegó con toda puntualidad y, durante los minutos en los que el tren aguardaba a que le dieran la salida y el autocar iba recibiendo a los pasajeros y sus equipajes, ambos entablaron esta conversación:

– Querido autocar, tú sí haces lo que te viene en gana; puedes circular con plena libertad; vas por donde te apetece; si se te antoja girar a la izquierda o a la derecha, nada ni nadie te lo impide; tú eres libre de verdad. ¡Qué suerte tienes! Yo, en cambio, siempre estoy sujeto a estas vías de hierro; ¡qué desgracia la mía si intentara salirme de estos raíles que marcan inexorablement mi camino!

– ¡Cuánta razón tienes, viejo amigo ferrocarril! Yo puedo escoger mi ruta y cambiarla cuantas veces lo desee; puedo descubrir lugares nuevos, horizontes insospechados; incluso, si me apetece, me detengo en una pradera verde y descanso un ratito mientras mis ocupantes toman su almuerzo. Es cierto, pero no todo es tan bonito. ¿Tú sabes la cantidad de peligros a los que estoy expuesto a cada instante? Debo andar ojo avizor en cada paso que doy; los otros vehículos me asaltan por todos lados. ¡Ay de mí, si me distraigo un segundo! ¿Y si me salgo de la carretera? ¿Y si me arrimo demasiado a la cuneta? ¿Y si me deslumbra el automóvil de enfrente? La catástrofe puede ser monumental.

– Es verdad, no se me había ocurrido. Mi sumisión a la vía reduce mi libertad, pero aumenta mi seguridad. Puedo circular kilómetros y kilómetros con los ojos cerrados, como si dijéramos, y puedo alcanzar velocidades de ensueño... siempre que no me salga de mis pulidos raíles. No soy dueño de mi dirección; mi itinerario me lo marcan los demás; y los cambios de agujas me solucionan las encrucijadas que me podrían hacer dudar.

– Sí, viejo tren. Nos ocurre como a las personas, ¿sabes? A más libertad, más riesgos, mayores peligros, más responsabilidad ante las decisiones. Es muy bello ser libre, pero también es muy difícil. El precio que hay que pagar por la libertad es altísimo, pero vale la pena.

El diálogo quedó interrumpido por el silbido del jefe de estación que daba la salida al expreso Madrid-Barcelona. Al mismo tiempo, alguien, dentro del autocar, preguntaba en voz alta:

– ¿Por dónde vamos a pasar?

Así como en otros valores hemos propuesto juegos y actividades, en este caso sugerimos conductas y actitudes que debemos adoptar de forma habitual en casa.

Entablar diálogos sin tabús

Hay que conseguir entablar con nuestros hijos un diálogo abierto, en el que podamos conversar de cualquier cosa con normalidad y sin temores; donde podamos decir lo que pensamos y lo que queremos sin miedo a censuras ni a descalificaciones. Será la mejor manera de enseñar por la vía práctica que "Toda persona tiene derecho a la libertad de pensamiento" (D.H. art.18) y que "Todo individuo tiene derecho a la libertad de opinión y de expresión" (D.H. art.19).

Permitir la toma de decisiones, dejando margen de libertad, pero pidiendo responsabilidades

La toma de decisiones, apropiadas a su edad, constituye una escuela excelente de formación en la libertad y en la

responsabilidad; siempre y cuando les ayudemos a ver los pros y los contras. Un "tú decides" es un reto a su capacidad de autonomía, y un "te ayudo a decidir" es un deber nuestro ante la incapacidad connatural a su edad.

Si decidimos siempre por ellos, conseguiremos unos bellísimos pájaros en una jaula de oro; pero, ¡pobres pájaros!, cuando les abramos la puerta de la jaula, se los comerá el primer gato avispado porque no habrán aprendido a volar.

Iniciarles en la sociedad democrática

La sociedad democrática es una suma de libertades con límites pactados a fin de que todos podamos ser tan libres como sea posible. Este difícil juego de equilibrio, inevitable si queremos vivir en una sociedad pacífica, hay que empezar a aprenderlo en el hogar.
Debemos mostrar que, en una sociedad respetuosa y justamente organizada, estos principios se aplican a gran escala, a pesar de los fallos siempre inherentes al egoísmo humano. No somos utópicos, confiamos en el progreso de la humanidad, con sus eventuales resbalones hacia atrás.

Cuando los mayores vayamos a votar en unos comicios ciudadanos, debemos pedir a nuestros hijos que nos acompañen y aprovechar la ocasión para hablarles de los mecanismos democráticos de la sociedad, de los deberes de la mayoría, del respeto a las minorías, del respeto de todos a las leyes, de la libertad individual y de la libertad de los demás. Tampoco debemos tener miedo de hablarles de la corrupción que puede corroer la libertad de todo un pueblo.

Ser justo es ser exacto

Es justa la llave que encaja en el cerrojo, la medida de los pantalones que me corresponde, la pieza exacta del puzzle, las gafas que corrigen exactamente las dioptrías de mis ojos, la nota que me corresponde por el examen que he hecho. Lo que falta o lo que sobra no responde a la idea de justicia, sino al fraude, por falta, o a la generosidad, por exceso. La justicia tiene una medida exacta para ser cumplida. Por otra parte, la justicia es una condición necesaria para que nuestras relaciones con los demás sean correctas. Si no somos justos, no podemos acceder a los demás valores; la justicia, como las ambulancias y los bomberos, tiene prioridad de paso.

La igualdad no siempre es justa

No es justo el que trata a todos por igual, sino aquel que considera las diferencias de cada uno y trata a cada cual según le corresponde.

Somos justos los padres cuando tratamos a cada hijo según su talante, atendiendo a sus características particulares. Supongamos un caso esperpéntico: ¿serían justos los padres que mandaran que todos sus hijos llevaran gafas para no hacer diferencias, porque uno de los niños es miope?

¿Cómo solucionar la injusticia?

Cuando hemos sido injustos con alguien, tenemos que arreglar la injusticia. No basta con pedir disculpas a la persona con la que hemos sido injustos; hace falta reparar la injusticia, es decir, darle aquello que le corresponde justamente.

Conviene que nuestros hijos asimilen esta exigencia de la justicia y que sean capaces de ponerla en práctica. La obligación de la reparación afecta de forma especial a sus relaciones fuera de la familia (ámbito escolar, ciudadano y social).

Los derechos no son obligaciones

Los derechos son la gran conquista de la humanidad para salir de la "ley de la selva", según la cual el más fuerte devora al más débil.

Reconocer un derecho es reconocer que la razón está por encima de la fuerza.

Mis derechos son obligaciones de los demás hacia mí; mis obligaciones son derechos de los demás sobre mí.

Pero hay que completar esta idea con otra muy importante: precisamente porque mis derechos son derechos y no obligaciones, puedo renunciar a ellos. Si yo no pudiera renunciar a mis derechos, se convertirían en obligaciones. Por ejemplo, conocer la posibilidad de renunciar legítimamente a mis derechos abrirá la posibilidad de que ceda mi asiento, justamente adquirido, a una persona mayor que está de pie en el vagón porque ha subido en una estación posterior a la mía.

El consumismo

En la educación de la justicia social, no podemos pasar por alto una reflexión en torno a la sociedad consumista en la que nos vemos inmersos y al valor opuesto de la reducción del consumo, tradicionalmente llamado austeridad o sobriedad. Todos nos hallamos en una sociedad donde conviene crear constantemente nuevas necesidades para absorber la producción exagerada de bienes superfluos. "Papá, mamá, ¡es que todos los de la clase lo tienen!" es la frase ritual con la que los niños intentan convencernos y a menudo lo logran. Aunque no podemos nadar a contracorriente, es verdad, sí que podemos reducir significativamente el ritmo de consumismo en la vida del hogar.

La justicia aparente o falsa justicia

Si no somos justos…					
Respeto	es	Esclavitud	Compasión	es	Sarcasmo
Paciencia	es	Impotencia	Generosidad	es	Paternalismo
Constancia	es	Contumacia	Amistad	es	Amiguismo
Prudencia	es	Cobardía	Paz	es	Represión
Urbanidad	es	Hipocresía	Alegría	es	Alucinación
Responsabilidad	es	Prepotencia	Solidaridad	es	Chantaje
Orden	es	Opresión	Austeridad	es	Avaricia
Sinceridad	es	Insulto	Cualquier valor	es	Burla
Confianza	es	Traición			
Diálogo	es	Demagogia			
Tolerancia	es	Debilidad			
Creatividad	es	Elitismo			
Cooperación	es	Conspiración			

La espada de la justicia no tiene funda.
JOSEPH DE MAISTRE, POLÍTICO SARDO

Ser bueno es fácil; lo que es difícil es ser justo.
VICTOR HUGO, ESCRITOR FRANCÉS

Lo más horrendo que existe en el mundo es la justicia separada del amor.
FRANÇOIS MAURIAC, ESCRITOR FRANCÉS

Es bastante más fácil ser caritativo que justo.
ARTURO GRAF, ESCRITOR ITALIANO

El leñador y el dios Hermes

(Esopo)

Un hombre que partía leña cerca de un río perdió su hacha. La corriente se la llevó, y el hombre, sentado en la orilla, se lamentaba, hasta que el dios Hermes, movido por la compasión, se le acercó. Cuando supo por el propio leñador la razón por la que lloraba, el dios se zambulló y le trajo, en primer lugar, un hacha de oro y le preguntó si era la suya. El leñador respondió que no. Entonces le trajo un hacha de plata y, de nuevo, le preguntó si era la que había perdido. Como el leñador dijo que no, le presentó, en tercer lugar, su hacha, y el leñador la reconoció.

Hermes, satisfecho por su honradez, le dio las tres. El leñador las tomó y fue al encuentro de sus compañeros para contarles lo que le había ocurrido. Uno de ellos, lleno de envidia, quiso tener la misma suerte; y, con el hacha, se dirigió a la ribera de aquel río y, mientras recogía leña, la arrojó intencionadamente al fondo de un pozo, se sentó y se puso a llorar.

Se le apareció Hermes y le preguntó qué le había pasado. Él le contó que había perdido su hacha. Entonces el dios le mostró una de oro y, cuando le preguntó si era la que había perdido, respondió precipitadamente, por codicia, que sí. Hermes, entonces, no sólo no le regaló el hacha de oro, sino que tampoco le devolvió la suya.

Esta fábula enseña cómo la divinidad sabe favorecer a los que son justos y mostrarse adversa con los injustos.

El avaro *(Esopo)*

Un avaro que había vendido todos sus bienes compró un lingote de oro y, habiéndolo enterrado al pie de un muro, no cesaba de ir allí para vigilarlo. Uno de los trabajadores de los alrededores se dio cuenta de las idas y venidas, sospechó la verdad y, cuando el avaro no estaba, se llevó el oro. El avaro volvió y, al encontrar el escondrijo vacío, se puso a llorar y a arrancarse los cabellos. Al verlo tan afligido, un hombre le preguntó qué le ocurría, y le dijo:

– ¡No te desesperes, amigo! Toma una piedra, ponla en este agujero e imagínate que hay el oro. Será lo mismo porque cuando estaba, ¡no lo usabas para nada!

Esta fábula quiere decir que la posesión de bienes no es nada si no los usamos debidamente.

Seamos justos desde ahora

Es bueno hacer reflexiones ocasionales sobre hechos ocurridos en casa, en la escuela, con los compañeros… que tengan relación con la justicia, el respeto a la propiedad, la reparación de la injusticia… Cuentos, películas o noticias del periódico nos abastecerán de hechos que podremos comentar con nuestros hijos. Si nos basamos en sucesos reales, recordemos que debemos juzgar hechos, no personas.

Posibles comentarios a hechos cotidianos

- Mario te deja esto porque es suyo, después se lo devolverás; Mónica te lo pide, tienes que devolvérselo porque es suyo; dale las gracias.
- Si es de Susana, se lo tienes que pedir y, si te lo deja, no se lo estropees.
- María te lo ha prestado y tú se lo has roto; deberás arreglárselo; si no se puede arreglar, pídele perdón y dile que le compraremos uno nuevo.
- Lo que hay en la clase, en el pasillo, en la calle, en la escalera, en las plazas y calles también tiene dueño; no lo puedes deteriorar, está al servicio de todos.

Posibles noticias del periódico

Abrir el periódico de cualquier día ofrece muchos casos para comentar con nuestros hijos en torno a la justicia y a la injusticia. Hay noticias más adecuadas para ser comprendidas por los pequeños (hurtos, abusos de poder, devoluciones, etc.) y otras de mayor complejidad (sobornos, corrupción, plagios, etc.). Algunos ejemplos posibles:
- Detención de un hombre por destrozos en la vía pública.
- Detención por uso fraudulento de tarjetas de crédito.
- Denuncia a un taxista por manipulación del taxímetro.
- Sanción a un deportista por dopaje.

Los símbolos de la justicia

Es muy posible que nuestro hijo haya visto, en alguna ocasión, dos símbolos universales de la justicia: la balanza con los platos en equilibrio (a veces con una espada como fiel) o una figura humana de mujer, con los ojos vendados que, a su vez, sostiene la balanza equilibrada. Suscitemos su curiosidad: con nuestra ayuda, el niño podrá ver todo el significado de tales imágenes. Ambos iconos se prestan a ser dibujados, coloreados o recortados.

Sugerencias

Aprovechemos las ideas básicas de: • Objetividad de la justicia. • Correspondencia exacta entre derecho y obligación. • Posible coacción para urgir su cumplimiento. • Desequilibrio mientras no se cumpla la justicia.

¿Qué es la paz?

Para entender qué es la paz, lo mejor es recurrir a la Declaración Universal de los Derechos Humanos, proclamada por las Naciones Unidas en París el 10 de diciembre de 1948, donde se dice:

- El reconocimiento de la dignidad inherente a todos los miembros de la familia humana y de sus derechos iguales e inalienables constituye el fundamento de la libertad, la justicia y la paz en el mundo.

- La desatención y el menosprecio de los derechos humanos han conducido a actos de barbarie que sublevan la conciencia de la humanidad.

- La llegada de un mundo donde los seres humanos gozarán de libertad de palabra y de pensamiento y serán liberados del miedo y de la miseria ha sido proclamada como la aspiración más alta de la humanidad.

- Es esencial que los derechos humanos sean protegidos por las leyes para que el hombre no se vea empujado, como último recurso, a la sublevación contra la tiranía y la opresión.

- Es esencial promover el desarrollo de relaciones amistosas entre las naciones.

Educar a nuestros hijos en la paz

Los educadores tenemos la posibilidad única de formar en la paz a los pequeños del hogar a través de nuestra actitud pacífica, dialogante, comprensiva y serena, que no está reñida con la rectitud, la energía, ni la exigencia.

El clima del hogar debe ser pacífico y las inevitables peleas infantiles nos deben llevar siempre a una reflexión oportuna sobre la paz y la no violencia. Debemos demostrar con la práctica diaria que el acuerdo, el diálogo, el acercamiento afectuoso ahorran violencia y aportan paz. Asimismo, siempre que sea posible, debemos insistir en que ser bueno, ser pacífico y ser portador de paz no significa ser tonto; todo lo contrario: hay que ser muy fuerte para trabajar por la paz; es mucho más fácil trabajar para la discordia.

Paz y violencia

Nuestra actitud será siempre pacífica y pacifista; y si perdemos el autocontrol y tomamos una actitud agresiva, que todo es posible, rápidamente debemos pedir perdón y reconocer que a veces los nervios nos traicionan, pero que éste no es el buen camino para la convivencia. De esta manera, daremos dos lecciones a la vez: de paz y de humildad.

Sin embargo, y con verdadero pesar, no debemos ocultar a los pequeños que la injusticia debe ser rechazada, como último recurso, con la violencia. Como reconoce el proemio de la Declaración de los Derechos Humanos: sólo el respeto a la justicia conseguirá "…que el hombre no se vea empujado, como último recurso, a la sublevación contra la tiranía y la opresión".

De todas formas, la legítima defensa debe ser siempre legítima y defensa. ¡Esto debe quedar muy claro!

Y a los juguetes bélicos, ¿les declaramos la guerra?

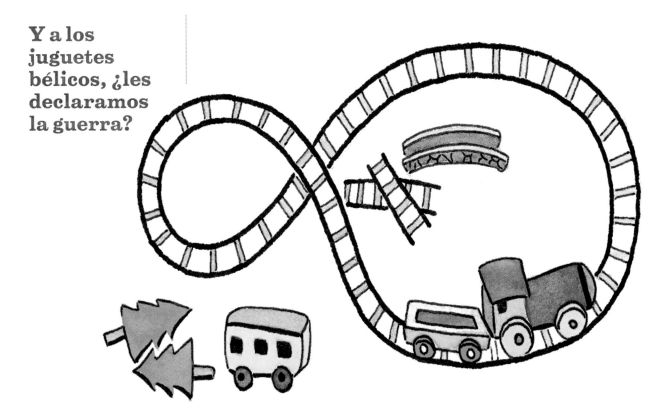

No podemos hacer la guerra a los considerados juguetes bélicos, pero sí que podemos plantearnos actitudes como las siguientes:

• Evitar dar a los niños juguetes que imiten la cultura de la guerra y la violencia.

• Preferir juguetes que inviten a la participación, a la colaboración, al diálogo y a la diversión compartida.

• Convencernos de que, ante un juguete bélico, es mucho más importante la actitud que el objeto en sí.

Está claro que...		
• Podremos eliminar tanques, fusiles y pistolas de juguete.	pero	• No podremos evitar que imiten la forma de una pistola con los dedos.
• Podremos prohibir que en casa haya juguetes bélicos.	pero	•No podremos prohibir que en casa de un amigo los haya.
• Podremos sacar de casa todos los juguetes de guerra.	pero	• No podremos eliminar todos los palos y piedras del campo.
• Podremos regalar a los niños un juego de construcción.	pero	• No podremos evitar que se arrojen las piezas por la cabeza.
• Podremos jugar con ellos y enseñarles a ser cooperadores.	pero	• No lograremos que no se den un puntapié por debajo de la mesa.
• Podremos no estar de acuerdo en que los abuelos regalen una magnífica pistola de plástico.	pero	• No podremos echar a perder el cariño entre abuelos y nietos con nuestra crítica.
• Podremos (y deberemos) crear un ambiente pacífico en casa.	pero	• No podremos (ni deberemos) sustraerles del mundo en que viven.
• Podremos sujetarles pies y manos con violencia.	pero	• No podremos sujetarles el corazón, si no es con la paz.

La verdadera paz

–¿Tú sabes qué es la paz?

– Claro, que no haya guerras.

– Cuando no hay guerra, ¿hay paz?

– Creo que sí.

– O sea que paz significa que no hay peleas, que no hay luchas.

– No sé, pero no se me ocurre nada más.

– Recuerdo una frase de un jefe bretón llamado Cálgac que decía, refiriéndose a la paz que llevaban las legiones romanas: "Donde hacen un desierto lo llaman paz" y todavía otra de Claudiano, que decía "Bajo la paz se oculta una guerra más grave."

– Bien, bien. Entonces, dime en qué consiste la paz. A mí sólo se me ocurre que es la tranquilidad, la quietud, el orden… que la gente no se mate, vaya.

– Creo que sólo con esto no hay bastante.

– Habrá que añadir algo positivo; y no será porque la ausencia de peleas no sea algo positivo, y muy positivo. Quiero decir que no sea sólo "ausencia de", sino también "presencia de".

– Consultemos un diccionario: "Pública tranquilidad y quietud, en contraposición a la guerra". Pues no me sirve demasiado, porque si busco "tranquilidad" me dice "Sosiego, paz, quietud". Veamos otro diccionario: "Situación en la que no hay guerra". Vaya, poco hemos arreglado. Espera, espera, un poco más abajo, se dice: "Estado o situación de amistad y entendimiento entre los miembros de un grupo."

– Esto ya me gusta más. Esto ya es positivo. Sigue por este camino, a ver si mejoramos la idea.

– Sería algo así como "la abundancia de bienes para todo el mundo, el progreso de la cultura, la sanidad, el bienestar, la comunicación, la alegría, la seguridad del futuro, el respeto a la dignidad de las personas y de los pueblos."

– Me gusta. O sea, la paz como la acumulación de todo lo bueno; la felicidad para todos.

– La paz no es sólo no matar, sino hacer vivir; y vivir de verdad. Procurar la paz es trabajar para que todo el mundo pueda decir: ¡Esto sí que es vivir!

– Ya lo vemos más claro.

– Paz es abundancia de vida, no sólo ausencia de luchas.

– Hemos progresado mucho, muchísimo.

Bellas palabras de paz

A los pequeños les encanta componer pareados (versos de dos líneas) con una rima sencilla.

Compongamos con ellos algún pareado sobre el tema de la paz y la violencia. Podemos hacerlo de forma oral y luego ponerlos por escrito. También podemos buscar sinónimos de paz y ver las diferencias o matices que incluyen y que enriquecen el vocabulario y la comprensión. Las listas por escrito siempre ayudan a fijar mejor las ideas.

Distintas propuestas

- Hacer pareados con la rima –az (de paz).
- Escribir pareados o pequeños poemas sobre la paz.
- Componer una lista de palabras parecidas a paz y pensar si existen matices entre ellas.
- Clasificarlas de más "pacíficas" a menos.
- Ordenarlas por orden alfabético, por longitud, por terminaciones...

Premios Nobel de la Paz

Buscamos en una enciclopedia la lista de Premios Nobel de la Paz y tratamos de averiguar el motivo que les mereció este galardón tan importante.

Asimismo, podemos buscar la biografía de Alfred Bernhard Nobel y estudiar lo que le llevó a constituir la Fundación que lleva su nombre.

Sugerencias

A guisa de orientación, pueden ser especialmente interesantes las biografías o historias de: H. Dunant, la Cruz Roja Internacional, A. Schweitzer, M. L. King, UNICEF, OIT, Amnistía Internacional, Teresa de Calcuta, A. Pérez Esquivel, L. Walesa, D. Tutu, R. Menchú, N. Mandela o Médicos sin Fronteras.

La paz y el deporte

Nuestros hijos seguramente practican algún deporte o, por lo menos, tenemos posibilidad de contemplar su retransmisión por televisión o leer sus crónicas en los periódicos.

La práctica deportiva constituye un buen caldo de cultivo para constatar y reflexionar sobre la violencia, la paz y todas las actitudes positivas o negativas entorno al tema que nos ocupa.

Observación

Si ellos son los protagonistas, podrán ofrecernos de primera mano las experiencias sobre las que podremos reflexionar en casa. A buen seguro que después de cada competición tendrán anécdotas que podremos evaluar convenientemente.

Pensemos en los jugadores, pero también en el público, que a menudo ha dado muestras de una conducta violenta y salvaje hasta el paroxismo. No sólo nos interesa lo negativo (violencia, insultos), sino también lo positivo (autocontrol, reconciliación); destaquemos las conductas positivas.

alegría

La alegría es la manifestación de la felicidad

La felicidad es la plenitud de bienestar que sentimos dentro de nosotros, es la complacencia en lo que nos pasa o en lo que tenemos, es el gozo de un bien que poseemos. Sea la felicidad lo que fuere, en lo que estamos de acuerdo es que tiene un efecto externo, visible, que es la alegría. Mientras que la felicidad se siente en lo profundo del alma, la alegría salta a la vista. ¿Por qué somos felices y, por lo tanto, estamos alegres? Porque tenemos lo que deseamos. La alegría tiene una estrecha relación con nuestras ambiciones y deseos. Si ponemos muchas condiciones a la felicidad, es decir, si necesitamos mucho para ser felices, nos será más costoso estar alegres.

Gozar de las pequeñas cosas

Enseñar a nuestros hijos a disfrutar de las pequeñas cosas que se nos ofrecen cada día será, posiblemente, la forma más efectiva de educar en el valor de la alegría. Aunque nos importan mucho los grandes ideales, los proyectos a largo plazo, éstos sólo causan alegría cuando se consiguen, si se consiguen. Por eso, debemos parcelar los planes ambiciosos en peldaños asequibles tanto en las posibilidades como en el tiempo. De esta manera, la felicidad y la alegría estarán siempre presentes en nuestras vidas.

Dicen los filósofos que "esperar una felicidad demasiado grande es un obstáculo para la felicidad", y la sabiduría popular lo expresa así: "La avaricia rompe el saco."

Si somos avariciosos de la felicidad y la queremos toda y a la vez, seguramente ¡nos quedaremos sin nada!

La lección optimista del viejo profesor

Para ser felices en la vida debemos mirar la realidad con unos lentes de color de rosa, decía el profesor a sus alumnos para contagiarles optimismo.

Una alumna pidió la palabra y, dirigiéndose al profesor, le dijo: "Profesor, ¿no sería mejor recomendarnos que miráramos lo que tienen de rosa las cosas?"

El profesor quedó atónito. ¡Qué lección de verdadero optimismo le acababa de dar aquella muchachita! Nunca más repitió lo de los lentes de color de rosa.

El optimismo es una actitud ante la vida, una forma de querer ver la vida. Después de unos años, aquel profesor decía a sus alumnos: "El optimismo y el pesimismo no son simétricos". Los niños, al principio, no comprendían el sentido profundo de la frase y el profesor sonreía ante el gesto de perplejidad del alumnado. Entonces explicaba:

"Quiero decir que si el pesimismo está en aquel extremo del aula y el optimismo en este otro, nosotros no estamos situados exactamente en medio, a igual distancia entre ambos. Por eso digo que no son simétricos. Solemos estar más cerca del pesimismo; y debemos hacer el esfuerzo de acercarnos al optimismo si queremos dar sentido a la vida, si queremos ser felices. Yo he optado por estar cerca del optimismo y creo que me funciona bastante bien; lo recomiendo a todo el mundo."

No olvidemos que nuestra actitud será el método más eficaz para educar a los niños en el compromiso optimista ante la vida. Los padres debemos inculcar el valor de la alegría a nuestros hijos con ejemplos vivos.

Si lloras porque has perdido el sol, las lágrimas no te dejarán ver las estrellas.
RABINDRANATH TAGORE, ESCRITOR INDIO

El secreto de la felicidad no está en hacer siempre lo que se quiere, sino en querer siempre lo que se hace.
LIEV TOLSTOI, ESCRITOR RUSO

No hay nadie que sea feliz gratuitamente.
PLAUTO, ESCRITOR LATINO

La alegría es lo que mueve las agujas del gran reloj del mundo.
FRIEDRICH SCHILLER, ESCRITOR ALEMÁN

¿La frustración es la antialegría?

Hemos dicho que somos felices porque poseemos lo que deseamos y que esta felicidad se manifiesta en la alegría.

¿Qué ocurre, entonces, cuando no obtenemos lo deseado? Que nos frustramos, y la frustración es el enemigo más potente de la alegría. Los niños pueden experimentar frustración porque no consiguen, por ejemplo:

• Sacar buena nota en un examen.

• Ir de vacaciones con la familia de un amigo.

• Encontrar aquello que necesitan.

• Hablar con un amigo por teléfono todo el tiempo que quieren.

• Que su equipo favorito gane.

Como podemos comprobar tienen (y tenemos) pequeñas frustraciones diarias y una gama intermedia de frustraciones de todas las intensidades. En todas ellas se da un elemento común: no logramos nuestro deseo y, por eso, nos invade la tristeza, perdemos el buen humor, nos ponemos nerviosos y desaparece la sonrisa de nuestros labios. Sólo cuando lo conseguimos, recuperamos la alegría.

Diversos estilos de afrontar la frustración

Para los educadores es muy importante conocer las reacciones que pueden experimentar los niños ante una situación de frustración para potenciar las más sanas y reducir en lo posible las más perjudiciales. Podemos distinguir tres grandes estilos de reacción:

Estilo	Cómo funciona	Cómo se expresa
Lo considera algo terrible	Aquello que no puede conseguir se le convierte en una losa pesada y le parece imposible. No puede quitarse de la cabeza el obstáculo frustrante, que se convierte en una obsesión. A veces intenta quitarle importancia para no sentir su fracaso con tanta vehemencia.	• Es demasiado difícil para mí. • No lo conseguiré nunca. • Si lo tuviera, no me pasaría… • Es superior a mis posibilidades… • ¡Pues lo quiero y lo quiero! • Es igual, ya tendré otro mejor. • No era tan bonito como creía. • Si no me invitan, peor para ellos.
Intenta defenderse	Busca algún culpable al que cargar con la frustración que ha sufrido y adopta una postura agresiva contra los demás. A veces se culpa a sí mismo, aunque suele alegar una excusa.	• Me has hecho caer. • El profesor me tiene manía. • Siempre me lo cargan a mí. • La culpa es tuya. • Soy incapaz de conseguirlo. • Yo no he nacido para esto. • No estuve en la explicación. • No lo oí; estaba hablando. • He perdido, por tonto.
Busca soluciones	Busca alguien que pueda prestarle ayuda para superar la frustración; reclama soluciones, legítimas o ilegítimas. Él mismo busca la solución o decide tener paciencia hasta que se solucione.	• ¿Me ayudas, por favor? • Préstame los apuntes. • Necesito dinero, ¿me das? • Cómprame otro. • Veréis cómo lo arreglo. • No lo volveré a hacer. • Lo haré bien cuando sea mayor.

Cara y cruz de cada estilo

Estilo	Ventajas	Desventajas
Lo considera algo terrible (el estilo más estéril)	• Reconoce la importancia del obstáculo. • Por reacción, se puede relativizar su impacto.	• Se paraliza la capacidad de reacción positiva. • Por reacción, se puede llegar a negar su existencia real.
Intenta defenderse (presenta aspectos sanos pero no resuelve la situación)	• Descarga la agresividad que la frustración genera. • Puede reconocer las propias responsabilidades.	• Esta agresividad puede crear nuevos problemas. • Por autoacusación pueden surgir culpabilidades malsanas.
Busca soluciones (es el más productivo)	• Busca un camino para superar la frustración.	• Puede crear una confianza excesiva en la solución.

La camisa del hombre feliz

En un reino muy lejano vivía un rey poderoso, amado por sus súbditos y respetado por los soberanos vecinos. Llegó un día en el que el rey se sintió enfermo y llamó a los médicos de la corte para que pusieran remedio a su mal. Todos los eminentes doctores se reunieron en consulta, pero no sacaron en claro qué dolencia aquejaba a su monarca.

Pasaban los días y las semanas, y el rey estaba cada vez más triste.

– Tiene la enfermedad de la tristeza – concluyeron los médicos reales.

Y empezaron a desempolvar viejos pergaminos y antiguos libros del arte de la medicina para hallar el remedio a la enfermedad de la tristeza. Las boticas del reino elaboraron los más raros brebajes y pócimas. Todo fue en vano; el rey estaba cada vez más apesadumbrado, más melancólico y su tristeza llegaba a todos los rincones de palacio.

Cierto día se presentó un médico de larga barba blanca y se ofreció a visitar al soberano para buscar remedio a su terrible mal. El rey y sus médicos se avinieron a ello. El recién llegado lo examinó, lo auscultó largo rato, preguntó por todos los síntomas y solemnemente sentenció:

– Su Majestad sólo sanará si se viste con la camisa de un hombre feliz.

Inmediatamente partieron veloces los emisarios del rey por todos los caminos del reino hasta los rincones más lejanos. Cualquier persona que a primera vista les parecía feliz, les desengañaba luego: Sí, pero la vista me falla…; Sí, pero mi hijo se marchó de casa y no sabemos dónde está…; Sí, pero la cosecha de este año…; Sí, pero de vez en cuando el reuma…

Hasta que, por fin, oyeron un cantar alegre que llenaba medio valle. Acudieron enseguida y hallaron a un hombre que cantaba a pleno pulmón mientras preparaba una comida frugal bajo la sombra de un puente para resguardarse del sol.

– ¿Eres completamente feliz, buen hombre? – le preguntaron.

– Sí, completamente feliz – les respondió el aldeano.

– Pues danos tu camisa porque el rey la necesita para recobrar la salud.

El hombre se puso a reír, abrió su pobre chaqueta y los emisarios del rey vieron con sorpresa que… no llevaba camisa.

Este cuento no significa que el modo de ser feliz es no llevar camisa, ni que la pobreza da automáticamente la felicidad; sino que la felicidad no puede depender de una camisa y que ella debe brotar esencialmente del interior y no de las circunstancias mudables.

Además, si creemos que algo concreto nos dará la felicidad, corremos el riesgo de no ser nunca felices.

Actividades para padres, primeros educadores

Somos educadores porque...

- Tenemos una esperanza infinita en la persona humana.
- Creemos que la persona siempre puede mejorar.
- Creemos que la persona siempre es capaz de seguir adelante.
- Nunca damos a la persona por perdida.
- Pensamos que la persona es arcilla, pero arcilla moldeable.
- Sabemos que no es roca dura; si así fuera, lo único que podría hacer sería romperse y hacerse añicos.
- Pensamos que la persona es un manojo de posibilidades.
- Estamos seguros de que, a pesar de todos los pesares, el corazón de la persona permanece siempre abierto.
- Tenemos fe en nuestros hijos.

Si no fuera así...

- No perderíamos el tiempo en una tarea inútil.
- No pretenderíamos mejorar lo que no puede ser mejorado.
- No diríamos nunca: ¡Hazlo bien! ¡Adelante! ¡Muy bien!
- Seríamos fatalistas y dejaríamos las cosas tal como están.
- No nos dolerían los errores y los sufrimientos de los demás.

• Unos padres perfectos: ¡pobres hijos! • Unos padres que podrían hacerlo mejor: ¡todos! • Unos padres que se han equivocado: ¡normal! • Unos padres que han perdido la esperanza: ¡jamás!

Árbol general de valores

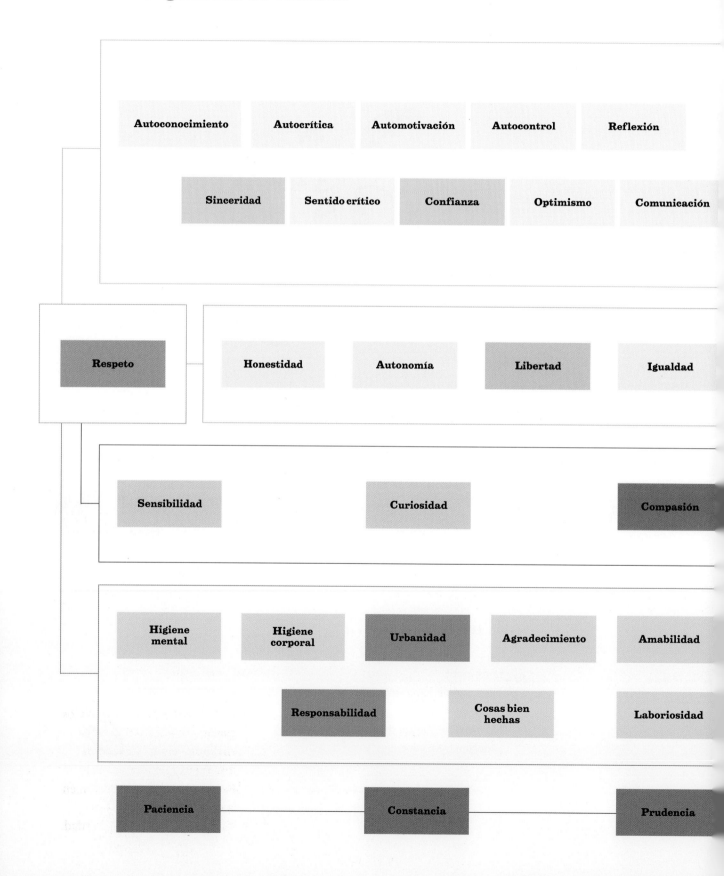

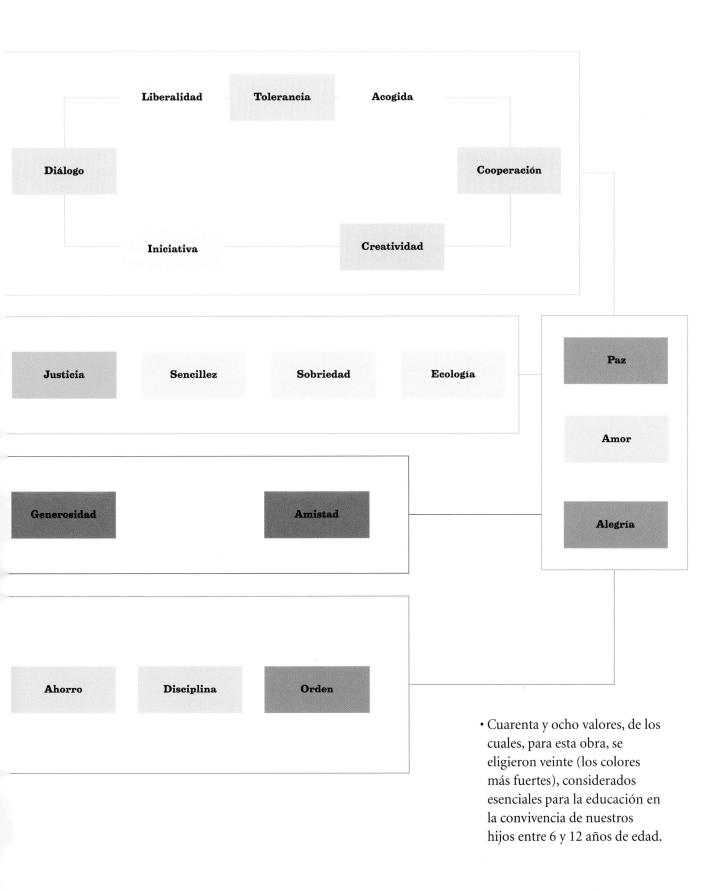

• Cuarenta y ocho valores, de los cuales, para esta obra, se eligieron veinte (los colores más fuertes), considerados esenciales para la educación en la convivencia de nuestros hijos entre 6 y 12 años de edad.

Glosario de personajes

A

• ADORNO, Theodor Wiesengrund
Frankfurt del Main (Alemania), 1903 – Visp (Suiza), 1969. Filósofo y sociólogo que formó parte del grupo de la Escuela (filosófica) de Frankfurt. Su obra escrita es muy extensa y abarca temas muy diferentes (sobre todo ensayos filosóficos, sociológicos y musicológicos).

• ANDERSEN, Hans Christian
Odense (Dinamarca), 1805 – Copenhague (Dinamarca), 1875. Escritor danés que, aunque escribió novelas y obras de teatro, es conocido sobre todo por sus colecciones de *Cuentos*, que incluyen tanto relatos tradicionales como cuentos de nueva creación (*El patito feo*, *La sirenita* o *El vestido nuevo del emperador*).

• APOLONIO de Rodas
c 295 – c 230 a.C. Poeta y gramático alejandrino, discípulo de Calímaco. Tras enemistarse con su maestro, se fue a Rodas donde publicó su epopeya *Las argonáuticas*.

• ARISTÓTELES
Estagira, 384 – Calcis, 322 a.C. Filósofo griego que, a los 17 años, dejó su ciudad natal para ingresar en la Academia de Atenas, donde fue discípulo de Platón. Años después, fundó en la misma ciudad de Atenas su propia escuela filosófica: el Liceo, donde compaginaba las clases con investigaciones y análisis sobre los campos más diversos (fauna, política, géneros literarios, física y química...).

B

• BACON, Francis
Londres (Inglaterra), 1561 – 1626. Filósofo inglés, que, siguiendo la carrera política de su padre, fue canciller de Inglaterra hasta que, en 1621, el parlamento le acusó de venalidad y quedó excluido de la vida pública. Dedicó los últimos años de su vida a la filosofía y la ciencia.

• BADEN-POWELL (Sir Robert Stephenson)
Londres (Inglaterra), 1857 – Nyeri (Kenya), 1941. General británico que se interesó por la educación de la juventud y fundó la organización de los boy-scouts (1908), que pronto se convirtió en internacional, y la de las girl-guides (1910).

• BERNANOS, Georges
París (Francia), 1888 – Neuilly-sur-Seine (Francia), 1948. Escritor francés de educación jesuítica. Sus primeras obras constituyeron duras críticas al estamento eclesiástico, pero las guerras de la Europa de 1920 y 1930 dieron un giro al trabajo del escritor, quien empezó a realizar panfletos políticos y obras dedicadas a plasmar los horrores de la guerra.

• BOUTROS-GHALI, Boutros
El Cairo (Egipto), 1922. Diplomático egipcio que, tras estudiar derecho y ejercer de profesor, fue nombrado Ministro de Estado de Relaciones Exteriores de Egipto (1977-1991). En 1992 fue nombrado sexto Secretario General de las Naciones Unidas, cargo que desempeñó hasta finales de 1996. Es autor de más de cien publicaciones y numerosos artículos sobre relaciones internacionales, derecho y diplomacia, y ciencias políticas.

C

• CERVANTES SAAVEDRA, Miguel de
Alcalá de Henares (España), 1547 – Madrid (España), 1616. Escritor español cuya juventud se caracterizó por sus hazañas militares (en la batalla de Lepanto quedó inválido de una mano). Sólo empezó a despuntar como escritor a sus 58 años, a partir de la publicación de la primera parte del *Quijote* (1604). Aunque el prestigio literario no puso fin a su precaria situación económica, le permitió publicar el resto de su obra (*Novelas ejemplares*, *Comedias y entremeses*...). En la actualidad, el *Quijote* está considerado uno de los libros más importantes de la historia de la literatura universal.

• CICERÓN, Marco Tulio
Arpino, 106 – Formies, 43 a.C. Este orador, político y filósofo romano se inició en la vida pública como abogado y los destacables éxitos en las causas que defendió le llevaron a convertirse en cónsul del senado el año 63 a.C. Se hizo famoso por sus discursos y alegatos, y por los tratados que escribió sobre la elocuencia y la política.

• CONFUCIO
País de Lu (actual Shandong, China), c 552 – c 479 a.C. Es el más famoso de los filósofos y teóricos políticos chinos de todos los tiempos. Se dedicó esencialmente a la enseñanza de la ética social y fundó la doctrina que en Occidente se conoce con el nombre de confucionismo, basada en que, al cultivarse a sí mismo, el sabio difunde a su alrededor un principio de orden que se extiende del individuo al universo entero.

D

• DICKINSON, Emily
Amherst (Massachusetts, EE.UU.), 1830 – 1886. Poeta norteamericana que llevó siempre una vida retirada y solitaria, dedicada a escribir sus breves poemas. Aunque sólo llegó a ver dos de sus poemas publicados, a partir de 1890 su obra completa fue viendo la luz para consagrar a su autora como una de las mayores cumbres líricas de la literatura norteamericana del s. XIX.

• DONNE, John
Londres (Inglaterra), 1572 – 1631. Poeta inglés de familia católica que se convirtió al anglicanismo, probablemente para poder ejercer cargos públicos vedados a los católicos. Sus poemas de juventud son canciones, sonetos y sátiras, mientras que su obra de madurez se caracteriza por los poemas religiosos y los sermones.

• DOSSI, Carlo
Zenevredo (Pavía, Italia), 1849 – Cardina (Como, Italia), 1910. Escritor italiano que fue uno de los representantes más originales de la bohemia italiana (llamada *scapigliatura*). Su obra se caracteriza por el humor y por la experimentación lingüística.

E

• EMERSON, Ralph Waldo
Boston (EE.UU.), 1803 – Concord (Massachusetts, EE.UU.), 1882. Escritor y filósofo norteamericano que estableció los principios de la filosofía trascendentalista, según la cual el alma (o conciencia individual) es el juez supremo en materia espiritual, más allá de creencias y dogmas tradicionales.

• ERASMO de Rotterdam
Rotterdam (Países Bajos), c 1469 – Basilea (Suiza), 1536. Humanista neerlandés de expresión latina que, tras un profundo estudio de las letras clásicas, asentó las bases de una gran renovación espiritual (la Reforma) desde dentro de la iglesia. Consideraba que, más allá de la especulación teológica, lo importante era la pureza del corazón y oponía la moral evangélica y la religión interior a la preponderancia de los formalismos de la Iglesia.

• ESOPO
s. VI a.C. Fabulista griego a quien se atribuyen las Fábulas esópicas, breves narraciones de carácter alegórico y moral, en las que los animales desempeñan los papeles principales. En ellas se inspiraron grandes fabulistas como La Fontaine, Iriarte, Samaniego...

F

• FONTANE, Theodor
Brandenburgo (Alemania), 1819 – Berlín (Alemania), 1898. Escritor alemán que empezó escribiendo baladas, pero que destacó sobre todo como autor de novelas. Su obra literaria se caracteriza por la manera humorística con que trata los problemas sociales.

• FRANKLIN, Benjamin
Boston (EE.UU.), 1706 – Filadelfia (EE.UU.), 1790. Filósofo, físico y político norteamericano, tan conocido por sus investigaciones sobre los fenómenos eléctricos que le llevaron a inventar el pararrayos (1752), como por su carrera política que hizo que muchos lo vieran como símbolo de la libertad y la revolución.

G

• GAUTIER, Pierre Jules Théophile
Tarbes (Francia), 1811 – Neuilly-sur-Seine (Francia), 1872. Escritor francés que, tras formar parte de la juventud romántica más

exaltada, desarrolló la teoría del "arte por el arte". Su obra poética más conocida, *Esmaltes y camafeos* (1852), es una clara muestra del afán de perfección formal que le convirtió en precursor de los parnasianos y maestro de la generación de Baudelaire.

• GOETHE, Johann Wolfgang von
Frankfurt del Main (Alemania), 1749 – Weimar (Alemania), 1832. Escritor alemán que compaginó durante toda su vida las inquietudes literarias, con la investigación científica y los intereses por la política y la economía. Su obra maestra es, sin duda, *Fausto* (1808), un drama que recrea la leyenda de Fausto, el hombre que vende su alma al diablo a cambio de saber y bienes terrenales.

• GRAF, Arturo
Atenas (Grecia), 1848 – Turín (Italia), 1913. Escritor italiano que desarrolló su obra crítica y poética bajo la influencia de los románticos alemanes y de Leopardi.

• GRIMM, Jacob y Wilhelm
Hanau (Alemania), 1785 – Berlín (Alemania), 1863 y Hanau (Alemania), 1786 – Berlín (Alemania), 1859. Conocidos como Hermanos Grimm, Jacob y Wilhelm dedicaron buena parte de su carrera profesional a la recopilación de cuentos y leyendas tradicionales, que han pervivido a lo largo de los siglos y continúan formando parte del universo cuentístico de los niños.

H

• HORACIO
Venosa (Apulia), 65 – 8 a.C. Filósofo y poeta latino que escribió desde poemas satíricos y mordaces hasta odas e interesantes reflexiones morales. Su filosofía se puede resumir en el verso *Carpe diem* (Aprovecha el día), que lo relaciona con el hedonismo o moral del placer, aunque sometido, en su caso, al control de la razón.

• HOUDAR DE LA MOTTE, Antoine
París (Francia), 1672 – 1731. También conocido como La Motte-Houdar, este escritor francés tradujo la *Ilíada* de Homero y defendió a los modernos en la famosa querella de antiguos y modernos, que tuvo lugar en la Academia francesa durante la última década del s. XVII.

• HUGO, Victor Marie
Besançon (Francia), 1802 – París (Francia), 1885. Escritor francés que, a los 15 años, decidió consagrar su vida a la literatura y empezó a escribir poesía, teatro y novela. Con los años, su obra se hizo mucho más grave y profunda y adquirió una decidida voluntad de testimonio, como demuestra uno de sus principales éxitos: la novela *Los miserables* (1862).

J

• JUSTINIANO I
Cerca de la actual Skpje, 482 – Constantinopla, 565. Emperador bizantino que, durante los años de su mandato (527-565), luchó por restablecer el territorio del antiguo imperio romano y convertir el Mediterráneo en un lago bizantino. De hecho, consiguió que Bizancio se erigiera como centro del tráfico entre Europa y Asia, y como importante foco intelectual.

L

• LAO-TSÊ (Laozi)
c s. VI a.C. Filósofo chino fundador del taoísmo, una de las grandes religiones chinas, y autor del célebre texto sagrado de esta escuela: el *Tao Tê-king* (*Daodejing*). El taoísmo tiene como objetivo mostrar el camino que lleva al tao absoluto, vía metafísica que constituye el sustrato de la naturaleza, en perpetuo proceso de cambio.

• LEOPARDI, Conde Giacomo
Recanati (Italia), 1798 – Nápoles (Italia), 1837. Escritor italiano conocido tanto por sus *Pensamientos*, conjunto de aforismos que recogen su amarga experiencia de la vida; como por sus *Cantos*, una mezcla de romanticismo por su fondo melancólico y escéptico, y clasicismo por su forma concisa y luminosa.

• LINCOLN, Abraham
Hodgenville (Kentucky, EE.UU.), 1809 – Washington (EE.UU), 1865. Político norteamericano que, desde el seno del partido republicano, dirigió una amplia campaña antiesclavista. Fue nombrado presidente de los Estados Unidos de América en 1861, cargo que desempeñó hasta que fue asesinado en un teatro de Washington por un actor fanático, John Wilkes Booth.

M

• MAISTRE, Conde Joseph de
Chambéry, 1753 – Turín (Italia), 1821. Político, escritor y filósofo sardo que se erigió como uno de los principales adversarios de la Revolución francesa y de las ideas de la ilustración, defendiendo la preeminencia del sentido común, la intuición y la fe, frente a la razón.

• MARITAIN, Jacques
París (Francia), 1882 – Toulouse (Francia), 1973. Filósofo francés que defendió la escolástica tomista y se opuso al totalitarismo. Ocupó la cátedra de lógica y cosmología en el Instituto católico de París.

• MAURIAC, François
Burdeos (Francia), 1885 – París (Francia), 1970. Aunque se dio a conocer como poeta, dedicó gran parte de su obra a las novelas y a los ensayos, donde se refleja su preocupación como católico y como escritor, así como su oposición a todos los regímenes totalitarios. En 1952 recibió el Premio Nobel de literatura.

• MAYOR ZARAGOZA, Federico
Barcelona (España), 1934. Científico y político español que tras ser Ministro de Educación y Ciencia (1981-82), regentó el cargo de director general de la UNESCO (Organización de las Naciones Unidas para la educación, la ciencia y la cultura) de 1987 a 1999.

N

• NAPOLEÓN I
Ajaccio (Córcega, Francia), 1769 – Santa Elena, 1821. Emperador de los franceses entre 1804 y 1815, dedicado a la conquista ilimitada para llevar el poder de Francia más allá de sus fronteras. Considerado por sí mismo "hijo de la Revolución" luchó por terminar con las monarquías absolutas, aunque también trató de consagrar una nueva dinastía.

O

• OVIDIO
Sulmona, 43 a.C. – Tomis, 17 o 18 d.C. Poeta latino, cuya obra se caracteriza por la variedad de temas que aborda y por su estilo refinado. De su producción, destaca sobre todo el poema mitológico *Las metamorfosis*.

P

• PÉGUY, Charles
Orleans (Francia), 1873 – Seine-et-Marne (Francia), 1914. Escritor francés que dedicó su obra a la redacción de manifiestos socialistas y otros ensayos de reflexión política y nacionalista.

• PIRANDELLO, Luigi
Agrigento (Italia), 1867 – Roma (Italia), 1936. Escritor italiano famoso por sus obras de teatro, que constituyen la renovación más importante de la dramaturgia moderna, antes de Brecht. Aunque muchas de sus piezas teatrales abordan el tema del desdoblamiento, también destacan sus reflexiones sobre las condiciones de la representación.

• PITÁGORAS
Samos, c 570 – Metaponte, c 480 a.C. Matemático y filósofo griego que fundó una escuela dedicada al estudio de las matemáticas, la astronomía, la música, la fisiología y la medicina, basándose en la creencia del número como principio de todas las cosas. Para los pitagóricos, la moral consistía en una reglamentación estricta de comportamientos y tareas.

• PLAUTO
Sársina (Umbría), c 254 – Roma, 184 a.C. Poeta cómico latino que, tras ejercer de actor y director de una compañía teatral, se dedicó a escribir sus propias comedias.

• PLUTARCO
Queronea, c 50 – c 125. Escritor griego, más moralista que filósofo o historiador, fue uno de los últimos grandes representantes del helenismo cuando éste llegaba a su fin.

• POE, Edgar Allan
Boston (EE.UU), 1809 – Baltimore (EE.UU), 1849. Escritor norteamericano famoso por sus *Historias extraordinarias* (1840) y por su concepción de la poesía como forma de

búsqueda de la belleza. Su obra tuvo una gran aceptación entre los grandes autores de la poesía francesa decimonónica (Baudelaire, Mallarmé)

Q

• QUINTILIANO
Calagurris Nassica, c 30 – c 100. Retórico romano que logró alcanzar fama en Roma como abogado y como maestro. Su gran obra (*De institutione oratoria*) es un programa de educación basado en la retórica ciceroniana.

R

• RABELAIS, François
La Devinière (Francia), c 1494 – París, 1553. Escritor francés que, tras pasar por las órdenes franciscana y benedictina, se dedicó a la medicina y a escribir novelas mordaces, que se caracterizan por el uso de la parodia para plantear los grandes problemas de la época. Sus obras más conocidas son las famosas *Gargantúa y Pantagruel*.

• ROLLAND, Romain
Clamecy (Francia), 1866 – Vézelay (Francia), 1944. Escritor francés cuya obra cuenta tanto con ensayos filosóficos, musicológicos y políticos, como con biografías sobre grandes creadores y con alguna novela importante. Su objetivo era orientar la energía de los hombres hacia un ideal de belleza, paz y libertad.

S

• SAINT-EXUPÉRY, Antoine de
Lyon (Francia), 1900 – desaparecido en una misión aérea en 1944. Aviador y escritor francés conocido en todo el mundo por ser el autor del cuento *El principito* (1943), cuyo sentido poético y simbólico le han hecho muy popular entre toda clase de lectores.

• SALUSTIO
Amiternum, 86 – 35 a.C. Historiador romano que se dedicó a la política y sólo cuando se retiró de ella, empezó a escribir obras históricas. Aunque en un primer momento estaban muy influidas por el partidismo propio de su carrera política, con el tiempo fue ganando objetividad y se convirtió en un historiador muy estimado de la época.

• SCHILLER, Friedrich von
Marbach (Alemania), 1759 – Weimar (Alemania), 1805. Escritor alemán, amigo de Goethe, que escribió desde dramas y tragedias para el teatro hasta ensayos históricos y poemas filosóficos. El gran tema que domina toda su obra es la fuerza del espíritu y de la libertad.

• SCHLEIERMACHER, Friedrich Daniel Ernst
Breslau (Alemania), 1768 – Berlín (Alemania), 1834. Teólogo alemán que ejerció de pastor y de profesor. Basaba su teología en la experiencia religiosa sobre el sentimiento y la intuición, y tuvo una gran influencia en las corrientes protestantes.

• SÉNECA
Córdoba, c 3 a.C. – Roma, 65 d.C. Escritor, filósofo y político latino, considerado uno de los grandes maestros del estoicismo, aunque en realidad su conducta distó mucho de esta doctrina. Sus tragedias, que muestran su concepción agónica de la vida y del héroe, tuvieron una gran influencia en el renacimiento, sobre todo en Inglaterra (Shakespeare) y constituyen el vínculo principal entre la tragedia antigua y la moderna.

• SHAKESPEARE, William
Stratford on Avon (Inglaterra), 1564 – 1616. Poeta dramático inglés que empezó trabajando como actor y haciendo arreglos de obras de otros autores. Su obra consta de algunos poemas (*Sonetos*), pero se conoce sobre todo por su producción dramática, que incluye tanto comedias ligeras y frescos históricos, como grandes tragedias, entre las que destacan títulos como *Hamlet*, *Otelo*, *Macbeth*, *Romeo y Julieta* o *El rey Lear*.

• SHAW, George Bernard
Dublín (Irlanda), 1856 – Ayot Saint Lawrence (Irlanda), 1950. Escritor irlandés que se hizo famoso por convertir sus obras de teatro en una plataforma para defender sus ideas y combatir los tabús de la sociedad, mediante la sátira y la crítica. Así lo demuestra su pieza más representativa: *Pigmalion* (1912).

• SPINOZA, Baruch de
Amsterdam (Países Bajos), 1632 – La Haya (Países Bajos), 1677. Filósofo neerlandés que heredó la retórica cartesiana de Descartes. Identificó a Dios con la naturaleza y rechazó la consideración del bien y el mal como absolutos, al mismo tiempo que liberaba el pensamiento político de la teología y la moral.

T

• TAGORE, Rabindranath
Calcuta (India), 1861 – Santiniketan (Bengala, India), 1941. Escritor indio que promulgó siempre los postulados de libertad intelectual y de formación armónica del ser humano. Fundó una escuela y, más tarde, la universidad de Visva Bahrati. Su obra le llevó a recibir el Premio Nobel de literatura en 1913.

• TERENCIO
Cartago, c 185 – 159. Comediógrafo latino que, como Plauto, imitó a los autores griegos, pero en este caso sin introducir elementos del mundo romano. Su teatro abunda en escenas sentimentales y en personajes simpáticos.

• TOLSTÓI, Liev Nikoláievich
Yásnaia Poliana (Tula, Rusia), 1828 – Astápovo (Riazán, Rusia), 1910. Escritor ruso considerado el creador del "realismo psicológico" gracias a sus novelas de denuncia de las injusticias sociales, de personajes, caracterizados con minuciosidad. Su principal novela, *Guerra y paz*, es un grandioso fresco de la vida rusa durante la invasión napoleónica y se define como una de las mayores epopeyas narrativas de la literatura moderna.

U

• UNAMUNO, Miguel de
Bilbao (España), 1864 – Salamanca (España), 1936. Escritor y filósofo español que dedicó tanto su labor como profesor como sus obras de ficción y ensayo a transmitir sus ideas sobre el conflicto interior entre la razón y la fe, entendida como deseo de inmortalidad, sobre la realidad o irrealidad de la existencia y sobre la difícil convivencia y comunicación entre las personas.

V

• VIRGILIO
Andes, c 70 – Brindisi, 19 a.C. Poeta latino cuya obra se caracteriza por su refinamiento técnico y por una temática que refleja los sufrimientos e ilusiones del hombre de su época. Su obra más ambiciosa, *La Eneida*, es una epopeya nacional compuesta para alentar el patriotismo y la religiosidad de los ciudadanos de Roma.

W

• WILDE, Oscar
Dublín (Irlanda), 1854 – París (Francia), 1900. Escritor irlandés que, con obras como *El retrato de Dorian Gray*, se convirtió en uno de los máximos representantes del esteticismo decadentista de final del s. XIX. También fue uno de los mejores comediógrafos de la época y propició el renacimiento de un teatro que oscilaba entre el humorismo, la sátira y el patetismo.

• WILSON, Thomas Woodrow
Staunton (Virginia, EE.UU.), 1856 – Washington (EE.UU.), 1924. Estadista norteamericano, que fue elegido presidente de los Estados Unidos de América en 1912 y que, desde su cargo, llevó a cabo las negociaciones con los países europeos durante la I Guerra Mundial. Recibió el Premio Nobel de la paz en 1919.

Z

• ZOLA, Emile
París (Francia), 1840 – 1902. Escritor francés que propugnó las tesis del naturalismo aplicadas a la novela, el teatro y el ensayo. En este sentido, su obra se caracteriza por ser una literatura de análisis, que se inspira en los principios de la ciencia y concede gran importancia a las determinaciones materiales de las pasiones humanas.

• ZSCHOKKE, Heinrich
Magdeburgo (Alemania), 1771 – Aarau (Suiza), 1848. Escritor suizo de origen alemán que fue uno de los principales representantes del liberalismo político. Realizó novelas históricas y de aventuras, al estilo de las de Walter Scott, con el objetivo de conseguir una literatura de carácter popular.

Respeto

Pacie

Constancia

Prudencia

Amistad

Urbanida

Responsabilidad

Generosidad